LITÍGIOS E LEGITIMAÇÃO

ESTADO, SOCIEDADE CIVIL
E DIREITO EM S. TOMÉ E PRÍNCIPE

ARMANDO MARQUES GUEDES
N'GUNU TINY
RAVI AFONSO PEREIRA
MARGARIDA DAMIÃO FERREIRA
DIOGO GIRÃO

LITÍGIOS E LEGITIMAÇÃO
ESTADO, SOCIEDADE CIVIL E DIREITO EM S. TOMÉ E PRÍNCIPE

TÍTULO:	LITÍGIOS E LEGITIMAÇÃO ESTADO, SOCIEDADE CIVIL E DIREITO EM S. TOMÉ E PRÍNCIPE
AUTOR:	ARMANDO MARQUES GUEDES N'GUNU TINY RAVI AFONSO PEREIRA MARGARIDA DAMIÃO FERREIRA DIOGO GIRÃO
EDITOR:	LIVRARIA ALMEDINA – COIMBRA www.almedina.net
LIVRARIAS:	LIVRARIA ALMEDINA ARCO DE ALMEDINA, 15 TELEF.239 851900 FAX. 239 851901 3004-509 COIMBRA – PORTUGAL livraria@almedina.net LIVRARIA ALMEDINA ARRÁBIDA SHOPPING, LOJA 158 PRACETA HENRIQUE MOREIRA AFURADA 4400-475 V. N. GAIA – PORTUGAL arrabida@almedina.net LIVRARIA ALMEDINA – PORTO R. DE CEUTA, 79 TELEF. 22 2059773 FAX. 22 2039497 4050-191 PORTO – PORTUGAL porto@almedina.net EDIÇÕES GLOBO, LDA. RUA S. FILIPE NERY, 37-A (AO RATO) TELEF. 21 3857619 FAX: 21 3844661 1250-225 LISBOA – PORTUGAL globo@almedina.net LIVRARIA ALMEDINA ATRIUM SALDANHA LOJAS 71 A 74 PRAÇA DUQUE DE SALDANHA, 1 TELEF. 21 3712690 atrium@almedina.net LIVRARIA ALMEDINA – BRAGA CAMPUS DE GUALTAR UNIVERSIDADE DO MINHO 4700-320 BRAGA TELEF. 253 678 822 braga@almedina.net
EXECUÇÃO GRÁFICA:	G.C. – GRÁFICA DE COIMBRA, LDA. PALHEIRA – ASSAFARGE 3001-453 COIMBRA Email: producao@graficadecoimbra.pt DEZEMBRO, 2002
DEPÓSITO LEGAL:	188342/02

Toda a reprodução desta obra, seja por fotocópia ou outro qualquer processo, sem prévia autorização escrita do Editor, é ilícita e passível de procedimento judicial contra o infractor

Índice

INTRODUÇÃO GERAL 9

Parte I A ADMINISTRAÇÃO PÚBLICA EM S. TOMÉ E PRÍNCIPE ANTES E DEPOIS DA INDEPENDÊNCIA

1. **Os santomenses e a organização administrativa em S. Tomé e Príncipe** 22
   1.1. Os santomenses e o estado: uma breve incursão histórica 24
   1.2. A independência e o período após a independência 50
   1.3. O Governo provisório 51
   1.4. A nova divisão administrativa do País 53
   1.5. O Governo 57
   1.6. A administração financeira 62

Parte II A ORGANIZAÇÃO JUDICIÁRIA DO ESTADO E OS MEIOS ALTERNATIVOS EM S. TOMÉ E PRÍNCIPE

2. **A organização judiciária do Estado em S. Tomé e Príncipe** 73
   2.1. Introdução à organização judicial na 1.ª República pós-colonial ... 75
   2.2. O sistema vigente desde a instauração da 2.ª República 80
   2.3.1. *O Supremo Tribunal de Justiça* 82
   2.3.2. *Os Tribunais de 1ª Instância* 84
   2.4. O Conselho Superior Judiciário 85
   2.5. O Ministério Público 88
   2.6. Resumo e linhas de força 90

3. **O Direito não-estadual em S. Tomé e Príncipe** 91
   3.1. A sociedade, o Estado e o Direito não-estadual em S. Tomé e Príncipe 92
   3.2. O enquadramento sociocultural das formas alternativas de "processamento" de litígios 98

6   *Litígios e Legitimação*

3.3. Alguns dos "idiomas" místicos mais correntes nas conversas sobre conflitos em S. Tomé e Príncipe 103

    3.3.1. *Curandeiros e mestres, feitiçaria e feiticeiros* 104

3.4. O Estado e as formas "espontâneas": um resumo e uma reperspectivação de conjunto 111

Parte III OS CONFLITOS POLÍTICO-CONSTITUCIONAIS NA DEMOCRACIA SANTOMENSE

4. A evolução política em S. Tomé e Príncipe 121

4.1. Do colonialismo para a independência 121

4.2. Da independência até a instauração do multipartidarismo – a 1.ª República 122

4.3. Da abertura democrática até aos nossos dias – a 2.ª República .. 128

5. A Constituição santomense: o "corpo" e a "alma" do sistema de Governo 138

5.1. Da Constituição santomense para os conflitos político- constitucionais 142

    Caso 1 143

    Caso 2 145

    Caso 3 146

5.2. A natureza da resolução/processamento de conflitos em S. Tomé e Príncipe. A inexistência de instâncias (objectivas e subjectivas) jurídicas de resolução de conflitos político- -constitucionais 147

    5.2.1. *Instâncias objectivas* 147

    5.2.2. *Instâncias subjectivas* 149

    5.2.3. *Natureza política da resolução de conflitos constitucionais em S. Tomé e Príncipe: e o Direito relevante?* 150

5.3. Três focos de problemas político-constitucionais: a Ocidentalização, o desvirtuamento e as práticas consuetudinárias enviesadas 154

Parte IV A "SOCIEDADE", O "ESTADO", A LEGITIMIDADE E A LEGITIMAÇÃO. RETOMA E CONCLUSÕES

6. A sociedade e o Estado no arquipélago 161

6.1. Legitimidade e legitimação 172

7. Conclusões 182

ANEXOS

a.

HISTÓRIA 1 – O deputado 195
HISTÓRIA 2 – A criança da roça 196
HISTÓRIA 3 – A senhora doente 197

b.

Quadro Respeitante a Palavras e Expressões Relacionadas com Feitiços
e Bruxaria 198

c.

Linhas de Força para uma Futura Revisão Constitucional: Conteúdo,
Forma e Oportunidade Política 202

FONTES UTILIZADAS NESTE RELATÓRIO

Textos legislativos e diplomas 205

Bibliografia geral 207

INTRODUÇÃO GERAL

Este Relatório resulta da curta e genérica visita de estudo empreendida pelos autores à República de S. Tomé e Príncipe. E redunda numa primeira parcela do que se espera venha a tornar-se num bastante mais prolongado e muito mais bem focado trabalho de terreno. Tratou-se apenas de um primeiro passo.

A visita teve lugar em meados de Dezembro de 2000 [1]. Os resultados da presente investigação baseiam-se no que lográmos

---

[1] Este Relatório é um dos resultados de uma curta visita de estudo efectuada a S. Tomé e Príncipe entre 12 e 19 de Dezembro de 2000. Aí se deslocaram Armando Marques Guedes, N'gunu Tiny, Ravi Afonso Pereira, Margarida Damião Ferreira e Diogo Girão, por um curto período de uma semana. A visita foi planeada no contexto de um projecto de investigação sobre "Mecanismos de resolução de litígios nos Palop", levado a cabo no âmbito da Faculdade de Direito da Universidade Nova de Lisboa, e foi financiada pela Fundação Luso-Americana para o Desenvolvimento e pela Fundação Calouste Gulbenkian, a quem os autores agradecem o apoio concedido e sem o qual esta viagem de trabalho e esta estada não teriam sido possíveis. A título mais pessoal, gostaríamos ainda de registar a nossa gratidão ao saudoso Dr. Victor de Sá Machado, então Presidente do Conselho de Administração da FCG, e ao Dr. Rui Chancerelle de Machete, Presidente do Conselho de Administração da FLAD, pelo empenhamento pessoal que ambos sempre mostraram quanto ao bom sucesso geral deste tão ambicioso projecto de investigação jurídico-política.

[2] Para ser levado a bom porto, este trabalho preliminar de investigação contou com a ajuda inestimável de inúmeras entidades e personalidades, a quem cabe aqui agradecer a pronta e total disponibilidade com que invarialmente nos receberam, o interesse muitas vezes pessoal que todos, sem qualquer excepção, mostraram pelo nosso grupo de trabalho, e o carinho e a tolerância com que nos foram tirando dúvidas, corrigindo incompreensões, e desvendando fontes de informação que desconhecíamos, encaminhando-nos para contactos úteis e abrindo-nos todas as portas de par em par. Sem querermos de maneira

apurar por intermédio de contactos localmente conseguidos (e estes foram muitos e produtivos [2]). Apoiam-se ainda nos dados que, antes e depois da nossa breve estadia, fomos reunindo sobre aquilo a que poderíamos, numa primeira abordagem, chamar o Direito do Estado santomense.

Mas não ficámos por aí [3]. Com alguma ambição, e à imagem, de resto, do que foi levado a cabo numa visita e num texto anteriores,

---

nenhuma ser exaustivos, não podemos deixar de exprimir a nossa gratidão ao Senhor Presidente da República de S. Tomé e Príncipe de então, Miguel Trovoada, pela longa audiência, pelos *insights* fulgurantes, pelo verbo fácil e luminoso com que nos desenhou os processos políticos do seu País, e pela sua qualidade humana, que a nós todos tocou. O Dr. Gabriel Costa (à data da nossa partida, Embaixador em Lisboa e depois Primeiro-Ministro), devemos o prazer de uma longa conversa, e o entusiasmo e o apoio à distância com que desde o primeiro dia apadrinhou o projecto. O Dr. Francisco Fortunato Pires (então Presidente da Assembleia Nacional), recebeu-nos e acarinhou-nos durante toda uma tarde de chuva equatorial, ensinou-nos recantos da lei em S. Tomé; e ofereceu-nos, generosamente, uma colecção de toda a legislação promulgada desde a independência do arquipélago, bem como muito humor e boa disposição. Com o Dr. Alberto Paulino (Ministro da Justiça e dos Assuntos Parlamentares) discutimos tudo, primeiro numa longa audiência e depois numa despedida no Aeroporto; a sua gentileza marcou-nos. O Senhor Bispo, D. Abílio Ribas, recebeu-nos três vezes, conquistou-nos a todos e connosco vasculhou feitiços e feitiçaria com sabedoria e rigor. O Dr. Pascoal Daio (então Presidente do Supremo Tribunal) e o Dr. Silvestre Leite (Procurador Geral da República), iniciaram-nos na lide; a dívida em que com eles incorremos é grande. Muito aprendemos com três advogados santomenses: o Dr. Filinto Costa Alegre (nosso companheiro de viagem e nosso Amigo), o simpático Dr. André Aragão e, *last but not least*, o Dr. Olegário Tiny, o nosso tira-dúvidas, a quem devemos um respeito que não cabe nesta página. Dois dos Amigos de um de nós ficaram Amigos de nós todos: o Senhor Tozé Cassandra e o Senhor Batepá Kangolo Aguiar Costa Alegre (Kaló). O Embaixador de Portugal em S. Tomé e Príncipe, Dr. Mário Santos, passou connosco uma manhã em que nos reperspectivou o país, e demonstrou cuidados e atenção pessoal à nossa visita.

[3] O longo texto deste Relatório foi lido e profusamente comentado por Ana Cristina Nogueira da Silva, Ana Prata, António Manuel Hespanha, Armando M. Marques Guedes, Augusto Nascimento, Carlos Ferreira de Almeida, Cláudia Trabuco, Gerhard Seibert, José João Abrantes, José Luís da Cruz Vilaça, Nuno

relativos a outra das ex-colónias africanas, Cabo Verde, este Relatório aborda também, ao mesmo tempo, algumas das práticas sócio-culturais "tradicionais" locais; e pondera, nomeadamente, aquelas que consideramos relevantes para um conhecimento mais aprofundado dos âmbitos da juridicidade manifestada na vida social própria do arquipélago. Fá-lo sempre contra o pano de fundo histórico que, caso a caso, considerámos como sendo o mais apropriado. Com efeito, de outra maneira dificilmente poderíamos chegar a quaisquer perspectivações que nos sugerissem uma qualquer conclusão minimamente bem fundamentada sobre o funcionamento da sociedade santomense nos dias que correm; se não tivéssemos presente, quanto mais não seja como pano de fundo, a sua evolução ao longo da História, seja durante a presença portuguesa no território, seja no período de transição, seja ainda no vários momentos e fases posteriores à independência.

As transformações, como tentaremos demonstrar, foram muitas. Mas as continuidades também. E, sob pena de deixar que farsas se transmutem em dramas, somos de opinião que há que sublinhá-las tanto a umas como a outras. Seria no entanto incorrecta a eventual presunção de que foi apenas pelo peso destes argumentos que tomámos a decisão prudente de organizar este Relatório segundo um formato genérico algo diferente daquele que utilizámos para o

---

Piçarra, Maria Lúcia Amaral, Rui Pinto Duarte e Teresa Anjinho. Todos deram uma ajuda inestimável, que muito melhorou o redigido e que aqui publicamente agradecemos. Mas há dois agradecimentos particulares que fazemos questão de destacar. Sem o Professor Carlos Ferreira de Almeida, o seu estímulo, entusiasmo e generosidade, o projecto geral de que esta parcela faz parte nem teria sequer sido gizado. A nossa mais profunda gratidão dirigimos ao Professor Diogo Freitas do Amaral, mais uma vez pela mais óbvia das razões: por ter tornado tudo possível. Cada um dos co-autores deste Relatório teve a seu cargo uma parte dele; mas todos discutimos todas elas, numa colegialidade activa, simpática e intensa (em S. Tomé como cá) que a todos beneficiou. Tal como com o Relatório anterior, porém, a responsabilidade pelo produto final aqui apresentado é carga que pesa apenas sobre os ombros do primeiro autor e redactor das últimas versões deste texto (AMG).

levantamento preliminar que empreendemos em Cabo Verde. Houve, com efeito, razões de outras ordens para a nova inflexão e para a configuração exposicional alternativa que, em relação a S. Tomé e Príncipe, preferimos privilegiar.

Cabe-nos enumerá-las. Por um lado, neste último caso deparámos (quase paradoxalmente, dada a muito menor escala e dispersão de S. Tomé e Príncipe se o país for comparado com Cabo Verde) com algum embaraço no que toca a uma recolha minimamente sistemática de dados empíricos fiáveis relativos às formas tradicionais de encaminhamento e resolução de litígios (aquilo que intitulámos [4], numa tradução livre da expressão *conflict processing*, tão cara aos autores anglo-saxónicos, o "processamento de litígios") em S. Tomé. A nossa estada no arquipélago foi curta, totalizando uma mera semana. Os contactos formais estabelecidos, da maior utilidade, foram muitos. E a nossa mobilidade foi mais limitada do que o que seria de desejar para recolhas mais diversificadas ou aprofundadas.

Por outro lado, a nossa preferência por pontos de aplicação diferentes para a nossa atenção viu-se fortemente condicionada pela importância evidente que os litígios político-constitucionais têm tido no arquipélago desde o início da 2.ª República e a transição democrática encetada no início dos anos 90 passados.

Há por isso a acrescentar, aos argumentos formais acima aduzidos, razões pragmáticas (ligadas à pertinência local de certos tipos de conflitos) para a escolha de uma matriz organizacional alternativa para este segundo Relatório. O formato que escolhemos responde melhor, em nossa opinião, às finalidades que perseguimos.

Do ecumenismo temático e metodológico que decidimos privilegiar resulta, ainda que de forma incipiente, a tentativa (aqui tão-só esboçada) de lançar um olhar atento sobre aquilo a que em

---

[4] Cfr. Armando Marques Guedes *et al.*, (2001), "Litígios e Pluralismo em Cabo Verde. A organização judiciária e os meios alternativos.", *Themis. Revista da Faculdade de Direito da Universidade Nova de Lisboa*, 3: 5-68. O artigo está também publicado na *Direito e Cidadania* (2002), 18: 305-364, Praia, Cabo Verde.

Introdução Geral 13

termos muito genéricos talvez possamos encarar como a "complexidade do jurídico" em S. Tomé e Príncipe. Complexidade essa que, é nossa intenção demonstrá-lo e começar a pô-lo em evidência, tem características muito específicas, as quais não permitem uma recondução pura e simples ao pluralismo (jurídico e jurisdicional) que anima e colora a normatividade, manifesta nos Estados e fora deles, assinalável em muitas das demais sociedades africanas da região. Mas que, em todo caso (e como também iremos tentar sublinhar a par e passo), com ele tem marcadas afinidades e semelhanças. Um exemplo disso prende-se com a marcada imbricação do "político" no "jurídico" que, ao mais alto nível (nomeadamente ao dos conflitos político-constitucionais que tanto têm afligido a vida da 2.ª República), caracteriza o arquipélago. Outro, com a óbvia interpenetração do "religioso" e do "jurídico", que tão manifesta é no que toca à condução dos conflitos de toda a ordem (por exemplo nos desacatos familiares, ou naqueles que se verificam entre co-residentes locais) que ocorrem nas ilhas.

Esperamos deste modo conseguir dar alguns pequenos passos no sentido de saber circunscrever, numa fase mais avançada de investigação, a configuração da identidade contrastiva de S. Tomé e Príncipe (nomeadamente nos paralelos que exibe com Cabo Verde e no feixe de diferenças e similitudes que mostra em relação a muitas das sociedades africanas das redondezas) a esse nível das expressões de juridicidade. Ou seja, alimentamos a esperança de contribuir para uma melhor delimitação da "sãotomeanidade", se assim a podemos apelidar. Este ponto merece ser assinalado com ênfase: como foi notado há pouco tempo por um especialista na história política do arquipélago, "a história contemporânea de S. Tomé e Príncipe permanece largamente desconhecida, em particular dos próprios são-tomenses.[...]. Sobram [...] largos campos da evolução histórica a carecer de pesquisa, desde, por exemplo, a própria evolução política, às dinâmicas sociais tais como o processo de integração/afirmação"[5] dos vários grupos que integram a popula-

---

[5] Augusto Nascimento (2001): 4.

ção das ilhas. Sem ambicionar colmatar essas carências, esperamos esboçar uns poucos passos nesse sentido.

Em termos mais específicos, são dois os objectivos a que nos propomos no Relatório preliminar que se segue, a saber: à imagem do que foi feito no Relatório sobre Cabo Verde, tentamos aqui esquissar o traçado inicial de uma indicação-ilustração (tão minuciosa quanto possível para uma primeira abordagem resultante de uma curta estada de uma semana) da natureza das "unidades sociológicas" que subjazem ao pluralismo jurídico e jurisdicional em S. Tomé e Príncipe. Mas, no caso do presente Relatório, e ao invés do que se passou no relativo a Cabo Verde, uma ponderação desse pluralismo de per si não constitui o nosso objectivo central. Já que tentamos equacionar uma contextualização dessa abordagem através de uma breve descrição da organização administrativa, judiciária e política que vigora no arquipélago [6]. É nos termos desse enquadramento mais amplo que delimitamos uma finalidade primeira: a de tentar apurar "coordenadas" locais para o que nos parece ser uma questão central em S. Tomé e Príncipe, a legitimidade do Estado. Em particular, e visto esta questão (e tudo aquilo que ela suscita) nos parecer um tema em simultâneo fascinante e insuficientemente compreendido, apesar da sua óbvia centralidade, interessa-nos tentar delinear o papel preenchido pelo domínio complexo do jurídico (*lato sensu*) nos esforços de legitimação levados a cabo no período contemporâneo e democrático-parlamentar da 2.ª República santomense.

---

[6] Tomados um a um, e depois no seu todo, são objectivos amplos, que não são fáceis de cumprir. Para a concretização do primeiro, seguimos o modelo genérico utilizado no Relatório sobre Cabo Verde (*by and large*, já que nalguns casos o alteramos ligeiramente, mas sempre indicando os motivos para os desvios). Para viabilizar a concretização do segundo (o imprescindível enquadramento histórico, político e administrativo dessa complexidade, e em particular desse pluralismo, no caso de S. Tomé e Príncipe, seguido de uma ponderação sociológica genérica do todo resultante) foi necessário redesenhar e reformatar profundamente a forma "canónica" (ou, talvez melhor, "escolástica") do texto do Relatório que escrevemos.

Introdução Geral 15

Tendo em vista o que já dissemos, não será difícil de compreender a ordem concreta de exposição que preferimos. Para melhor tentar levar a bom termo o esforço a que nos propusemos, seguiremos uma ordem de exposição tão simples quanto linear: o trabalho começa por uma curta secção diacrónica relativa à maneira como foram evoluindo o relacionamento entre, por um lado, a operação da administração pública e, por outro lado, a actividade da "sociedade civil" santomense. Este *background* histórico genérico, que não tem outra pretensão senão a de servir como pano de fundo ponderado para as análises sugeridas, é naturalmente apenas indicativo e muitíssimo sucinto.

Como tornaremos a sublinhar, não se trata de uma tentativa de propor uma qualquer história da administração pública em S. Tomé e Príncipe, que pouco sentido faria neste Relatório (e para a qual não estaríamos em todo o caso "arquivisticamente" preparados). Mas antes o de melhor delinear a base sociológica de sustentação das páginas seguintes, relativas ao enquadramento das transformações que ocorreram na passagem do Estado colonial ao Estado santomense independente e, neste, da administração levada a cabo durante a 1.ª República à corrente: a da 2.ª República.

Tentamos em seguida, e num segundo passo, pôr em evidência o aparelho judiciário do Estado. Mas não o empreendemos apenas em termos da arquitectura institucional e normativa do sistema. Redimensionamo-la (ainda que de forma muito liminar e pouco minuciosa, visto não dispormos por enquanto de informações fidedignas para mais do que isso) em termos sócio-políticos. Fazêmo-lo, por um lado, dando dos litígios, em muitos casos litígios *sui generis*, que tendencialmente surgem na vida social de S. Tomé, uma visão local, focada nas interpretações para os mesmos localmente disponibilizadas. Para o efeito, incluímos uma segunda secção relativa a formas alternativas de condução e "processamento" de conflitos que escapam ao controlo do Estado (e constituem seguramente o caminho mais habitual destes, em S. Tomé e Príncipe).

Por outro lado, e neste aspecto de maneira mais explícita, reperspectivamos o nosso balanço dessa organização judicial do

Estado e da sua progressão, propondo para ela uma leitura política e semiológica. Neste segundo passo do nosso Relatório alargamos por isso o âmbito e a inclusividade da análise proposta, nela incluindo (de várias formas) dimensões socioculturais "tradicionais". Ainda que, mais uma vez, o façamos apenas de maneira leve e meramente indicativa (quantas vezes limitando-nos a equacionar questões para as quais seria prematuro aventar mais que isso, nesta fase ainda incipiente da nossa investigação de terreno). No que escrevemos, lançamo-nos por conseguinte na direcção de objectivos mais latos do que aqueles que resultariam de uma simples atenção à arquitectura normativa estadual; e numa direcção mais ampla também da que resultaria, pelo contrário, de uma simples ponderação das formas "consuetudinárias" santomenses [7].

Num terceiro e último passo, expomos neste Relatório uma breve descrição e uma curta análise sobre a natureza e a progressão dos litígios constitucionais que, desde a instauração da 2.ª República no início dos anos 90, têm vindo a afligir o país. Sugerimos uma periodização. Detalhamos casos empíricos de conflitos. Localizamos fraquezas, tanto na arquitectura normativa formal do sistema, como na sua postulada desadequação sociocultural. E não nos coibimos de aventar interpretações de fundo para essas suas raízes, nem de

---

[7] Esta é uma das dimensões essenciais do Relatório ora apresentado. Não tentaremos fugir ao redimensionamento sociocultural e político que um mínimo de atenção (tanto à disjunção que separa práticas concretas e representações idealizadas, quanto à existência de pelo menos dois níveis nos discursos local-mente entretidos) claramente exige. Ou seja, e enunciando-o pela positiva: tendo presentes os mecanismos institucionais que o Estado santomense oferece para, por um lado, prevenir e, por outro, resolver os conflitos interpessoais e institucionais imanentes à vida em comum, tentamos incorporar nesses aqueles outros mecanismos e dispositivos, menos centralizados nas suas fontes e mais difusos na sua natureza, que espontaneamente vão surgindo e ganhando espaço na sociedade santomense. Mais: fá-lo-emos tendo sempre presente a sua interacção recíproca. Entrevêmo-los em seguida a todos, nos termos das agendas gerais dos poderes políticos que se têm sucedido no controlo daquela população, naquele território.

oferecer opiniões quanto a eventuais caminhos para um seu solucionamento estrutural e estável.

À guisa de conclusões, formulamos algumas considerações gerais, porventura no essencial de natureza histórico-sociológica, sobre os vários objectos deste Relatório. E à imagem, mais uma vez, daquilo que consta do Relatório anterior sobre Cabo Verde, incluímos em seguida um quadro sobre alguns conceitos locais, que funcionam como organizadores dos discursos e representações dos santomenses em relação aos temas que aqui abordamos tão tentativamente. Alguns anexos e umas curtas indicações bibliográficas servem-lhe de fecho.

PARTE I

A ADMINISTRAÇÃO PÚBLICA EM S. TOMÉ E PRÍNCIPE ANTES E DEPOIS DA INDEPENDÊNCIA

Na primeira subsecção (a que se segue) deste Relatório iremos esboçar uma abordagem diacrónica da teia complexa, multifacetada e cambiante de várias das articulações entre a sociedade e o Estado (em sentido lato) em S. Tomé e Príncipe. Não é nosso objectivo propor uma qualquer história da administração pública no arquipélago. Nem temos, sequer, como finalidade, delinear as transformações a que esta se tem visto sujeita. Não pretendemos, em nenhum campo, ser exaustivos [8]. Esta subsecção visa, apenas, dar realce a algumas das tónicas primordiais e algumas das principais linhas de força daquilo que, como iremos tentar mostrar a par e passo ao longo deste trabalho, tem redundado num relacionamento fundamental, ainda que muitas vezes pela negativa, para as dinâmicas sócio-políticas em S. Tomé e Príncipe: o complexo de alheamento-mimetismo que se tem vindo a desenhar entre a sociedade e o Estado presentes no arquipélago.

---

[8] Como poderá ser verificado, baseámos a nossa análise, nesta subsecção, no que consideramos os mais importantes e actualizados trabalhos publicados de investigação histórica. Utilizámos assim como "guiões" (sobretudo para os séculos XIX e XX) textos de Valentim Alexandre (1998), publicados em (org.) Francisco Bethencourt e Kirti Chauduri, *História da Expansão Portuguesa*, volume IV, *Do Brasil para África (1808-1930)*, outros de Augusto Nascimento (um deles constante do volume X da *Nova História da Expansão Portuguesa*, organizada também em 1998 por Joel Serrão e A. H. de Oliveira Marques, um outro editado pelo CEAA do IICT), do estudo de António M. Hespanha (2000) e da monografia, abaixo citada, de Luiz Felipe Alencastro (2000). Para o século XV e XVI, recorremos a António Vasconcelos de Saldanha (2001); para o século XVII a Cristina Maria Sueanes Serafim (2000); e para o XVII, a Carlos Agostinho das Neves (1987).

1. OS SANTOMENSES E A ORGANIZAÇÃO ADMINIS-TRATIVA EM S. TOMÉ E PRÍNCIPE

O facto e as circunstâncias em que o "achamento" das ilhas de S. Tomé e Príncipe ocorreu, bem como as finalidades do estabelecimento naquelas paragens, tiveram, natural e inevitavelmente, consequências profundas. Como poderia ser de esperar, o tipo de estruturas e gestão administrativas (o "Estado") inicialmente montado no arquipélago respondeu, pelo menos em parte, às exigências impostas pelos objectivos prosseguidos na sua ocupação: o povoamento (e foram trazidas gentes de vários tipos), o controlo da população para lá levada (e as exigências político-militares disso), e, pelo menos na fase inicial, a rentabilização da agricultura em benefício do donatário (naquilo em que tal garantisse ao soberano a sua quota parte, contratualmente acordada, dos benefícios conseguidos).

Logo de início, uma máquina administrativa com características muito específicas foi posta a funcionar, ainda que de forma incipiente e sem grande eficácia. Como é bem sabido, essa incipiência nunca foi verdadeiramente ultrapassada, no quadro de um "Império colonial" no essencial "atomístico"[9] como o português. E S. Tomé, como aliás outras economias "de plantação" (o Brasil, por exemplo) e esclavagistas (voltadas para essa "mercadoria", à época considerada de eleição, que eram os escravos[10]) são tidos como sendo disso casos paradigmáticos, ainda que em muitas coisas atípicos.

---

[9] O termo é o utilizado por A. M. Hespanha (2000), "O Antigo Regime nos Trópicos. A dinâmica imperial portuguesa (séculos XVI-XVIII)": 170. Os trabalhos de Luiz Filipe Thomaz e de António Manuel Hespanha foram fundadores no que diz respeito a esta reperspectivação de fundo que nos últimos anos tem sido feita da expansão portuguesa, doravante encarada como muito menos centralista e planeada que aquilo que durante tantos anos foi a *traditional wisdom* sobre ela entretida..

[10] Ver o excelente trabalho do historiador brasileiro Luiz Felipe Alencastro (2000), *O Trato dos Viventes. Formação do Brasil no Atlântico sul*, Companhia das Letras, S. Paulo. Na obra, a formação do "Império colonial português" no

Em boa verdade, porém, as exigências de uma adequação local e pragmática não foram as suas únicas condicionantes da montagem progressiva de uma máquina administrativa nos "Trópicos". António M. Hespanha bem sublinhou a forma como os "quadros ideológicos e institucionais"[11] que vigoravam na retaguarda, nomeadamente aqueles existentes no seio das monarquias ibéricas, tiveram também um papel de destaque a este nível, um papel que importa saber não subestimar.

Tal como iremos tentar mostrar nesta primeira parte do nosso Relatório, da fase inicial às mudanças ocorridas com o que tem sido chamado "a primeira modernidade", aos avatares do Iluminismo e da modernidade propriamente dita, até ao século XX do corporativismo autoritário, da auto-determinação e da independência nacional, a progressão das estruturas administrativas em S. Tomé e Príncipe, sobretudo no que diz respeito à sua articulação e eficácia locais, coaduna-se mal com uma qualquer visão redutora que lhe possamos querer impor (nomeadamente, como iremos ter oportunidade de realçar nas nossas conclusões finais deste Relatório, no que diz respeito à persistente implantação local, aparentemente sobre rocha firme, por assim dizer, do antigo partido único, o MLSTP). Longe de linear, a progressão foi um processo complexo e cambiante, marcado por fases e transições nem sempre lineares.

Em S. Tomé e Príncipe, tratava-se, numa fase inicial, de garantir a ordem local e fiscalizar a actuação dos "concessionários" que, relativamente à exploração económica do arquipélago, naquilo que deveio o "ciclo do açúcar", tinham celebrado contratos com a Coroa. Passado um longo hiato de crise, a questão tornou-se antes, numa fase que *grosso modo* correspondeu ao "ciclo do café e do cacau" (no essencial, o intervalo que abarca os séculos XIX e XX), político-

---

Atlântico sul é vista como um todo integrado, em que o "tráfico negreiro" ocupou uma posição de charneira e, nele, S. Tomé preencheu o papel de um "laboratório" (pp. 63 e ss.). Alencastro intitula S. Tomé de "colónia açucareira e placa giratória da frota negreira" portuguesa no Atlântico sul (pp. 65).

[11] (*Ibid.*: 166).

-administrativa. As prioridades poisaram no difícil, muitas vezes intempestivo e finalmente impossível enquadramento administrativo da gestão das "roças", da mão-de-obra importada da África continental e insular, e da ligação-articulação com "roceiros" poderosos muitas vezes avessos a quaisquer intrusões de um aparelho administrativo que preferiam tranquilamente co-optar, como hoje diríamos. Esta última fase colonial, de longa duração, como iremos ter oportunidade de verificar foi muito pouco homogénea.

No período logo após a independência, o do monopartidarismo, visava-se reconstruir económica e politicamente uma sociedade que as elites detentoras do poder (administrativo e outro) viam como devassada por uma exploração colonial desenfreada, racista, e mais preocupada com lucros do que com agendas de desenvolvimento. Com a "transição democrática" do início dos anos 90, alguma coisa iria ser alterada, pelo menos a nível da oratória e da retórica política em voga. De acordo com o discurso oficial, trata-se, hoje em dia, de assegurar o desenvolvimento equilibrado num contexto político democrático em que direitos e obrigações dos vários actores sociais seriam (em todo o caso idealmente) salvaguardados pelo Estado administrante.

1.1. OS SANTOMENSES E O ESTADO: UMA BREVE INCURSÃO HISTÓRICA [12]

A descoberta, pelos portugueses, do arquipélago de S. Tomé e Príncipe data dos finais do séc. XV [13]. Nos primeiros tempos do

---

[12] Seguimos aqui a traço grosso, ainda que de maneira nenhuma exclusivamente, a periodização genérica sobre a administração colonial portuguesa em S. Tomé e Príncipe proposta no estudo de Cristina Maria Sueanes Serafim (2000), *As Ilhas de S. Tomé no século XVII*, Centro de História de Além-Mar, FCSH, UNL, Lisboa.

[13] É desconhecida a data exacta do descobrimento destas ilhas do Golfo da Guiné.

Parte I – A Admin. Públ. em S. Tomé e Principe ... 25

seu estabelecimento local a melhor prossecução do interesse do Reino nas ilhas ficava confiada (ainda que nominalmente sujeita a inspecções permanentes) a um "capitão-donatário". Tal como um pouco por toda a parte onde os portugueses "oficialmente" se estabeleceram, também em S. Tomé vigorou durante algum tempo o tão célebre sistema das capitanias, tendo sido a primeira doação feita a um certo João de Paiva, por carta de D. João II com chancela de 24 de Setembro de 1485 [14]. E, diga-se, ao que tudo parece indicar o regime surtiu resultados modicamente bons, pelo menos da perspectiva da Metrópole.

Os capitães-donatários eram homens que administravam a milícia, a fazenda e a justiça das suas capitanias; tinham, em princípio, todo o incentivo em maximizar o aproveitamento do povo e das terras, pois daí advinham os seus rendimentos. S. Tomé não foi excepção. Com efeito, e numa linha de tradição de claros ecos domésticos, a solução encontrada pelo Infante D. Henrique para gerir a expansão e povoação no Ultramar fora o sistema das capitanias ou donatarias. A fórmula escolhida, se hoje nos parece evidente como uma das soluções mais viáveis para um efectivo controlo sem uma excessiva centralização e responsabilidade directas do monarca instalado a milhares de quilómetros de distância, era criativa e inovadora.

E correspondia bem ao espírito do tempo. O *modus faciendi* dessas "concessões" *avant la lettre* [15] era muito homogéneo. É certo

---

[14] Por esta primeira carta, a doação foi feita ao já nomeado João de Paiva, "a quem o monarca concedeu largos privilégios. Aos povoadores que o acompanharam foi permitido o resgate da vizinha costa africana, podendo desse modo obter a mão-de-obra necessária ao desenvolvimento da agricultura" (C. A. das Neves, *op. cit.*: 16). Quanto à ilha do Príncipe, esta só começou a ser povoada, por sua vez, quase uma geração mais tarde, em 1500, com a respectiva doação a António Carneiro. Em 1503, Ano Bom foi doada a um Jorge de Melo. Sobre o modelo da "capitania", *vd.* António Vasconcelos de Saldanha (2001), CNCDP, Lisboa.

[15] Ou melhor, *après la lettre* pois que, como nos sublinhou António Hespanha, tratou-se de um prolongamento de soluções tradicionais de concessões para-feudais, como cedo compreenderam vários historiadores da colonização.

que a fórmula aliava a tranquilidade inevitavelmente adveniente da adopção de uma solução já testada, ainda que noutros contextos, com a congruência entre ela e as ordenações por que se pautavam relações desse tipo na experiência de quem as propunha. Os paralelos entre este tipo de solução e as formas político-jurídicas tradicionais no Reino não passaram despercebidas a alguns historiadores e outros analistas de fins do século XIX e de princípios do século XX nelas interessados. E, nalguns raros casos, estes reconheceram-nos mas fizeram-no com cuidados e cautelas, sabendo assim evitar as simplificações reducionistas de alguns dos seus antecessores [16].

Nos primeiros tempos, as ilhas do arquipélago de S. Tomé e Príncipe não eram encaradas como sendo iguais a quaisquer outras. As razões para essa aura de especificidade eram várias. Tratava-se de um arquipélago sem recursos minerais próprios, provavelmente desabitado e luxuriantemente fértil, dotado de um posicionamento geográfico em relação às costas guineenses e de um isolamento insular invejáveis pelas vantagens de que isso se revestia. A sua ocupação, o seu povoamento, a sua rentabilização económica e a sua "administração" exibiam, porventura por tudo isso mesmo, algumas especificidades curiosas.

Como muitos autores sublinharam, nos primeiros anos de ocupação "a ilha de S. Tomé [depressa] tom[ou] a dianteira da colonização, através do estabelecimento de uma economia de plantação cujo produto predominante [era...] o açúcar e da sua integração no tráfico esclavagista entre a Costa da Guiné e as Américas" [17]. Os sucessos iniciais, a nível económico, foram grandes. Por isso, decerto tendo em vista a aparente eficácia da fórmula (e ao contrário tanto do senso comum como daquilo que se verificou

---

[16] António Vasconcelos de Saldanha (2001), *op. cit.*, escreveu o que em muitos sentidos é a obra fundamental para uma boa compreensão desse momento crucial da história da administração ultramarina portuguesa, com particular referência, naturalmente, para o caso do Brasil.

[17] Ver, por todos, Cristina M. Seuanes Serafim, *op. cit.*. A frase citada é da p. 45 desta obra notável.

Parte I – A Admin. Públ. em S. Tomé e Principe ... 27

quanto ao destino das capitanias em algumas ilhas do Atlântico, em que desde o princípio do séc. XVI o poder dos capitães-donatários foi muito restringido pela nomeação de funcionários reais poderosos e bastante interventivos que junto deles se estabeleciam e que lhes limitavam as margens de actuação, por via de regra, aliás, a contento da população, a quem em geral desagradava o exagerado poder de muitos dos donatários), pôde com alguma plausibilidade ser argumentado que nas ilhas de S. Tomé "os brancos constituíam uma aristocracia unida e solidária com o donatário, cuja autoridade, para impor respeito aos indígenas, não convinha fragmentar"[18]. Segundo Marcello Caetano, pelo menos nos primeiros tempos, razões de força maior imporiam essas particularidades na administração das ilhas[19]. O argumento parece plausível.

---

[18] Marcello Caetano, hoje em dia acessível em texto reproduzido do livro *Direito Público Colonial Português*, Lisboa, 1934, pp. 18-66, em *Estudos de História da Administração Pública Portuguesa*, edição organizada e prefaciada por Diogo Freitas do Amaral, Coimbra, 1994, pp. 449-502. Como iremos verificar, uma visão idealizada, com claras preocupações moralizantes da parte do Autor. O que não será decerto difícil de compreender, à época e dada a posição político-ideológica de Marcello Caetano. Mas uma visão dúbia, se tomarmos em linha de conta o facto de que se tratava, neste caso, não só de uma colónia de povoação mas também de um território de exploração, propriedade do Rei e "subcontratada" a particulares, onde os escravos forneciam a mão-de-obra e o clero metropolitano ministrava nos seus próprios termos. S. Tomé era assim uma sociedade na qual seria por isso de facto imperativa a unidade dessa autoridade e desse poder, mas também uma sociedade onde essa agenda compósita se revelou extremamente difícil (e, em última instância, impossível) de realizar. O que não parece muito palusível, face aos factos hoje conhecidos, é a ideia de Marcello Caetano de que a conflitualidade racial estivesse ligada ao esclavagismo. Para uma interpretação alternativa e muitíssimo mais convincente, vd. a obra já citada de Luiz Felipe Alencastro (2000).

[19] Com efeito, os problemas de ordem pública não tardaram a vir à tona em S. Tomé e Príncipe. Carlos Agostinho das Neves (1989), no seu estudo sobre *S. Tomé e Príncipe na segunda metade do século XVIII*, enumera para isso dois tipos de tensões sociais de fundo que cedo clivaram a ordem política do arquipélago recém-povoado: as "inter-classistas", como as apelida, e as "de ordem racial" (*ibid.*: 18-20); sem que, acrescentamos, esses eixos de tensão

Mas, se esse era o caso, nem sempre o terão feito com sucesso, ao que tudo indica. Em contraponto directo em relação à leitura rósea e unitarista proposta por Marcello Caetano, Vitorino Magalhães Godinho referiu-se a S. Tomé como, desde os seus primeiros tempos, constituindo um "foco endémico de atitudes de revolta"[20]. Exemplos disso, havia muitos. Em 1528, escravos refugiados no mato (porventura para evitar serem enviados para a Mina, para as Antilhas, ou mesmo para Portugal), chefiados pelo famoso Mocambo, combateram acerrimamente entre si e atacaram de forma sustentada e sistemática as plantações de produção açucareira. A mais grave revolta, no entanto, foi a comandada por Amador o qual, à frente de "milhares de escravos" sublevados, reputadamente aproveitou discórdias entre as autoridades civis e a eclesiásticas e depressa fez alastrar a rebelião a toda a ilha de S. Tomé. Mais prudente seria asseverar que, em termos ideais, a situação, nesses tempos iniciais, não seria de facto para clivagens ou fracturas nas elites detentoras do poder. Mas que, se pontualmente os seus membros se viram

---

fossem necessariamente mutuamente excludentes. Escreveu este historiador, com algum *gusto*, que, nas ilhas "os oficiais régios rivalizavam com a câmara, provavelmente constituída por fazendeiros e comerciantes mais abastados, estes com o clero e todos entre si" (*ibid.*: 18). E, de facto, ao que parece perturbações sociais graves foram encetadas logo em 1499, quando grupos de degredados tentaram assassinar o Capitão. Estas tensões, como seria porventura de esperar numa economia esclavagista de plantações fundada sobre um regime de "concessões majestáticas", assentaram arraiais nas ilhas. Segundo Neves, "durante todo o século XVI e XVII muitas desordens e levantamentos varreram as ilhas de S. Tomé e Príncipe, opondo brancos e mestiços, pretos e brancos. Uma das principais causas era a luta pelo poder e influências e a incompatibilidade entre as instituições. Essa situação de agitação social permanente facilitava o eclodir de lutas sangrentas entre escravos e moradores livres" (*ibid.*). Uma conjuntura interna que, como iremos ver, teve sérias repercussões, tanto a nível da administração e da distribuição histórica do poder no arquipélago, como a nível da competitividade externa das plantações açucareiras (os célebres "engenhos") santomenses.

[20] Vitorino Magalhães Godinho (1973), *Os Descobrimentos e a Economia Mundial*, vol. 2: 587, Lisboa.

empurrados para uma cooperação e para a cumplicidade de alianças tácticas, depressa divisões insanáveis terão emergido. Pior, as separações, pelo menos nesta fase de arranque da colonização de S. Tomé, parecem ter sido perenes; e as frentes de luta dos "brancos" variadas: até finais do século XVIII, numerosas revoltas ocorreram entre os angolares e os fazendeiros [21], no fértil e dificilmente acessível sudeste da ilha-mãe, e levaram à destruição de muitíssimas das plantações e dos engenhos locais de açúcar.

O facto seguro é que uma vez minimamente povoado o arquipélago e encaixados os primeiros lucros do seu aproveitamento económico (em particular da ilha maior, a de S. Tomé), a Coroa fez questão de recuperar prerrogativas alienadas quando da celebração dos contratos de doação aos capitães. Em 1522, na sequência de um processo instaurado contra João de Melo por arbitrariedades e abusos cometidos, a donataria de S. Tomé foi abolida e a ilha directamente integrada no património régio [22]. A partir de meados do século XVI assistiu-se assim a um "segundo ciclo de colonização da ilha, o dos capitães governadores" [23].

Tratava-se, pelo menos à superfície, de uma inovação que redundava no estabelecimento de uma nova fórmula administrativa que iria fazer história: a criação daquilo que tem sido apelidado de uma "administração periférica da Coroa" [24]. A transição, é verdade,

---

[21] Um agrupamento etnolinguístico *sui generis*, e que como tal ainda persiste, no sudeste da ilha de S. Tomé. A sua origem perde-se nas brumas da lenda, mas não é implausível a hipótese, muitas vezes aventada, de que se trataria de descendentes dos sobreviventes de um grupo de escravos oriundos de "Angola" (uma entidade geográfica então difusa), naufragados naquela costa e que aí se estabeleceram. Existem bastantes trabalhos publicados relativos aos Angolares, um grupo etnolinguístico sem grande peso político no arquipélago. Para uma posição diversa desta, ver Gerhard Seibert (1998).

[22] Cristina M. Seuanes Serafim, *op. cit.*: 45-46.

[23] *Ibid.*: 46.

[24] *Ibid.*: 46. Para um maior desenvolvimento deste conceito, A. M. Hespanha 1986), *As Vésperas do Leviathan. Instituições e Poder Político. Portugal, século XVII*, vol. 1: 271, Lisboa. Cristina Serafim cita a definição que

foi lenta e progressiva: as ilhas do Príncipe e Ano Bom foram mantidas sob o regime de donatarias até meados do século XVIII, mais precisamente até 1753, data em que foram compradas pelo monarca aos seus respectivos capitães. Mas, decerto quanto mais não seja a nível político-burocrático, tratou-se de uma mudança de fundo, ainda que possa ter sido no essencial "cosmética": de 1522 em diante, os principais cargos administrativos em S. Tomé (e foram muitíssimos os a partir de então criados) passaram a ser de nomeação directa do Rei. No papel (e nos títulos arvorados pelos personagens que nos palcos se moviam) os habitantes das ilhas podiam doravante contar com inovações. Vista de fora e a nível das aparências, a administração de S. Tomé deixara de funcionar "em roda livre", por assim dizer.

Seja qual seja a postura de cepticismo que prefiramos assumir, o que parece pouco discutível é que formatos administrativos desenhados *à la carte* não tinham futuro nas ambições filipinas, logo a partir de 1580. O destino estava aparentemente traçado e esta situação de relativa excepção (mesmo numa expansão tão pouco "planificada" e em termos de uma "administração" com tanta "desconjuntura", como foram as portuguesas até bem tarde, no ainda longínquo século XIX)[25] em que S. Tomé e Príncipe vivera nos primeiros decénios (ainda que de maneira efémera e por razões de

---

A. M. Hespanha aí propõe para essa "administração periférica", que vale a pena aqui citar: "prolongamentos pelos quais a Coroa entrava em contacto com as estruturas político-administrativas locais".

[25] Para uma discussão minuciosa disso mesmo, e ademais com numerosos exemplos relativos a uma outra economia de plantação (a do Brasil, com especificidades próprias, é verdade, mas com algumas afinidades interessantes com S. Tomé e Príncipe), ver António M. Hespanha, (2000), *op. cit..* As comparações eventuais entre as duas colónias parecem-nos dever tomar em linha de conta uma diferença interessante (para além da de escala): o facto de S. Tomé ter vivido um longo período de crise económica (constituindo a economia uma das pressões formadoras mais importantes da estrutura da administração pública) durante os séculos XVII e XVIII, precisamente o período áureo da economia colonial brasileira.

Parte I – A Admin. Públ. em S. Tomé e Principe ...   31

conveniência circunstancial) não podia, aos olhos políticos dos monarcas da época, perdurar. Essa esperança [26] era porém pouco mais que uma ambição, já que a realidade nua e crua do "Império" (e sobretudo dos lugares dele que, como S. Tomé, viviam numa situação de marcadíssima autonomia) era pouco mais que um sonho distante e remoto na linha de horizonte da Coroa, e a natureza "centrífuga" [27] das estruturas políticas, jurídicas e administrativas de retaguarda militavam nessa mesma direcção [28].

---

[26] De um ponto de vista "político-ideológico" também, a vontade de reformas teve raízes diversificadas. A Idade Média, a nível nocional, terminara. Novas fórmulas eram tacteadas. Prudentemente, e para além do mais porventura nos termos de uma experiência mais rigorosa numa esfera hispânica mais renitente em aceitar experimentalismos, Filipe I de Portugal parece ter entendido, quando assumiu o poder, que se impunha uma reforma da administração central que reflectisse as particularidades das novas terras, mas sem esquecer os objectivos "primo-modernistas" de um controlo real mais apertado. Talvez não seja abusivo afirmar que foi num esforço em simultâneo exercido nesses dois sentidos, que criou, em 1591, o *Conselho da Fazenda*, um colégio cujos serviços se repartiam por quatro secções a cargo de outros tantos escrivães (uma para o reino; outra para a Índia, Mina Guiné, Brasil, S. Tomé e Cabo Verde; outra para os Mestrados das Ordens, Açores e Madeira; e a última para a África e contabilidade). Para estes novos monarcas, a aposta num controlo mais directo (mas também mais *case-sensitive*) pela Coroa parecia imprescindível se se queria evitar a fragmentação atomística e o descalabro nas novas possessões. A tónica (ou pelo menos a esperança idealizada) estava, nesse quadro ideológico, com alguma firmeza posta no que hoje chamaríamos uma tentativa (uma tentativa condenada a um fracasso relativo, dadas circunstâncias de inexistência de um qualquer modelo ou estratégia expansionista geral, e tendo em vista o "pluralismo jurisdicional" *de facto* existente, contra o qual o poder régio na época sempre esbarrava) de "coordenação central". No novo espírito administrativo "modernizante", essa escolha era tida como pouco compatível com a manutenção de situações atípicas de excepção, quaisquer que elas fossem.

[27] Por todos, ver A. M. Hespanha (2000), *op. cit.*.

[28] Pelas implicações que a questão de fundo tem e ainda que isso possa parecer maçudo para o leitores deste Relatório, talvez valha a pena debruçarmo-nos um pouco mais sobre este tema. Com o andar complexo das coisas no "longo século XVI" (de um ponto de vista conjuntural externo e num palco mais amplo), as dificuldades político-administrativas com que a Coroa deparava

Mas o sonho estava lá. No caso de S. Tomé e Príncipe (como vimos já, desde os anos 30 do século de quinhentos a inflectir na direcção de nomeações régias e na de uma multiplicação de cargos) isso depressa se fez sentir. Mas, acautelemos, fazia-o seguramente mais a nível político-burocrático do que em termos concretos. Os habitantes do arquipélago mantiveram-se largamente à sua margem. Nas ilhas pontilhadas (no litoral e só aí) por engenhos e plantações, em que conviviam senhores das terras vindos do Reino com elites mestiças em ascensão, pequenos comerciantes e negreiros, escravos trazidos das costas vizinhas do Golfo, degredados e judeus separados à força de pais convertidos por imposição real, figuras eclesiásticas e negros amotinados, o espaço político e o económico eram muito partilhados com poderes (locais, regionais, e senhoriais), dotados de uma quase total autonomia difícil de abalar.

O resultado foi, como não podia deixar de ser, o de uma algo mais aparente coordenação-"normalização", mas apenas institucional; e, em paralelo, o de um muito maior protagonismo (ou, pelo menos,

---

em S. Tomé e Príncipe multiplicavam-se. O caso não era para menos. Logo em 1492, tinham começado as primeiras incursões francesas no recém-"achado" Golfo da Guiné; a partir de 1530, tinham passado de entradas avulsas a incursões regulares. Em 1550, piratas franceses capturaram vários navios portugueses carregados de açúcar do arquipélago e, na segunda metade do século XVI surgiram os primeiros ingleses. Em 1580 Portugal viria a cair sob o domínio dos Filipes, passando a ter como suas inimigas as nações da Europa em guerra com a Coroa espanhola, que rápida e vorazmente se voltariam contra as colónias portuguesas na Ásia, nas Américas e em África. Em meados do séc. XVII, a Companhia Holandesa das Índias Ocidentais chegou mesmo a "invadir" S. Tomé e Príncipe (ocupando um ou dois pontos do litoral entre 1641 e 1648). E, a partir de 1637, com a tomada da fortaleza de S. Jorge da Mina, o comércio e a navegação portugueses na região levaram um golpe estratégico de que nunca mais em boa verdade se recompuseram. Ao que se sabe, não foram só, todavia, razões "geopolíticas" o que soletrou tão grande e repentina quebra no ascendente regional português. Como muitas vezes tem sido sublinhado, acrescentavam-se porventura decerto a isso razões conjunturais internas: após o desastre de Alcácer Quibir, a ruína da nossa nobreza provocou uma crescendo malsão da corrupção que assolava a administração ultramarina, e a área santomense não escapou a isso.

Parte I – A Admin. Públ. em S. Tomé e Principe ...

de mais tentativas de o ostentarem) na actuação dos funcionários reais que desde os primórdios eram destacados pela Coroa [29] para o arquipélago. Mas também foi ténue: não era decerto fácil fazer frente e muito menos tornear poderes instalados e dotados de gente, meios e contactos e o apoio de tradições de grandes franjas de actuação autónoma: quanto mais não seja porque as elites, muitas vezes "crioulas", de S. Tomé e Príncipe depressa adquiriram o direito de assumir funções políticas e administrativas, e cedo se parecem ter tornado dextras na manipulação instrumental de muitos dos funcionários da Coroa [30] que para o arquipélago iam sendo nomeados e destacados.

Com o correr dos anos, no meio século seguinte a estrutura de controlo a partir do centro, por assim dizer, adensou-se ou, em todo

---

[29] Ou por uma qualquer outra autoridade soberana. Não é descabida (bem pelo contrário) a leitura meta-histórica de Carlos Agostinho das Neves, quando insistiu que "a S. Tomé e Príncipe faltava um poder político centralizador forte e capaz de se impor aos poderosos senhores de engenhos e de escravos" (*op. cit.*: 28) que por lá pululavam. Neves encontra nessa omissão a razão de ser para as inépcias económicas de S. Tomé e Príncipe no que toca à concorrência nas esferas do comércio internacional do açúcar, que levaram as ilhas a uma relativa crise, depois de um primeiro século "florescente". Interessante seria complementar esse *insight* com outro (que aqui meramente esboçamos) sobre a progressão da administração pública no arquipélago e o papel nele preenchido pela ausência de poderes centrais fortes.

[30] Para numerosos exemplos disso, ver Cristina M. Seuanes Serafim, *op. cit.*. Para um enquadramento geral, ver A. M. Hespanha, *op. cit.*. Não foi esta primeira a única das reformas na administração colonial introduzidas pelos Áustria que tinham herdado o trono português. Assim e por sua vez, Filipe II de Portugal em 1604 confiou a administração superior das colónias a um tribunal privativo, o *Conselho das Índias* (dividido em duas secções que se ocupavam, respectivamente, dos assuntos relativos à África e ao Brasil e dos respeitantes as possessões do Oriente; por pressão dos outros tribunais, o Conselho das Índias foi aliás rapidamente extinto), ao qual competia informar o rei sobre o provimento dos bispados, lugares de justiça e da fazenda e ofícios militares nas colónias e registar e propor os despachos dos vice-reis, governadores gerais e capitães.

o caso, burocratizou-se, como hoje diríamos. Mas apenas nas regiões costeiras, e sem grande capacidade de intervenção em questões locais. Constituíu-se deste modo em S. Tomé e Príncipe o que hoje decerto entreveríamos como um *shell State* colonial [31], uma "casca", com cargos títulos e papéis formais, mas sem verdadeiro conteúdo.

Muitos outros cargos [32] foram criados durante o processo de elaboração seiscentista. O modelo era novamente o peninsular. Para

---

[31] O conceito de *shell State* é normalmente aplicado a Estados pós-coloniais, e refere-se àqueles casos em que os aparelhos de Estado criados são meros "simulacros" de estruturas estaduais, mantidas, por vezes muito cuidadosamente, para benefício (por vezes pecuniário) de entidades internas e externas. Usamo-lo, aqui, em relação a um Estado colonial. Um aparelho administrativo estava já pensado e (no papel) montado desde o alvor do século XV: como bem mostrou recentemente João Paulo de Oliveira e Costa, "os primeiros ofícios de apoio à presença portuguesa no exterior foram criados logo a seguir à campanha de 1415 e eram coordenados pela Casa de Ceuta" (vd. João Paulo de Oliveira e Costa (2001), "A formação do aparelho central da administração ultramarina no século XV", *Anais de História de Além-Mar*, II: 87-115, CHAM, FCSH, UNL, Lisboa), dotada como esta era de um corpo de funcionários que iam de um tesoureiro-mor a escrivães, recebedores, vedores de fazenda, contadores e fiéis. A composição deste grupo novo não é decerto surpreendente; a base social do seu recrutamento foi bastante homogénea e é a que seria de esperar. Tal como se verificou para muitos outros cargos ligados à administração pública, fora ou dentro do território metropolitano, a Coroa confiou os poucos cargos (eram, nesta fase de arranque cerca de 25) "a nobres da Casa Real, ligados predominantemente aos estratos mais baixos deste corpo social"(*ibid.*: 101--102); e "ao núcleo instalado em Lisboa estavam ligados mais umas dezenas de oficiais espalhados pelas ilhas atlânticas e pela costa ocidental africana, que tinham, em regra, igual estatuto social e a mesma ligação pessoal ao monarca". De entre as quais, naturalmente, S. Tomé e Príncipe.

[32] O crescimento desta primeira estrutura idealizada de gestão administrativa foi gradual e marcado por várias reestruturações. Os finais dos anos de quinhentos viram o elenco de âmbitos e cargos ser ampliado de forma acelerada. Como sublinhámos, em S. Tomé, os capitães-donatários hereditários dos primórdios viram-se cedo substituídos por oficiais nomeados pelo Rei. A evolução dos títulos destes é fascinante: os primeiros oficiais régios eram também designados por "capitães", mas depois, progressivamente e após 1586, foram sendo intitulados "governadores" nos textos da época. Mas hábitos antigos

Parte I – A Admin. Públ. em S. Tomé e Principe ...

além dos cargos da fazenda, apareceram também assim em S. Tomé e Príncipe com este "primeiro modernismo" novos cargos de justiça, outros de administração militar, outros ainda de administração local (em substituição-complemento dos de administração senhorial). A nível da justiça, "desde sempre, a principal área de actuação régia"[33], o Rei passou a nomear Juízes Concelhios como instâncias judiciais locais no arquipélago; e era também ele quem escolhia os magistrados ("corregedores" e "ouvidores", os segundos mais permanentes que os primeiros), que nas ilhas constituíam uma segunda instância de aplicação da justiça. A nível da administração militar, o aparelho estava em S. Tomé, como seria de esperar, a cargo do Governador e, no que tocava directa e especificamente ao treino e à disciplina militares, ao do "Sargento-Mor". Ao nível da administração local e municipal, e mais uma vez tal como no Reino, foi criada no arquipélago uma estrutura concelhia, composta por dois "Juízes Ordinários", dois ou três "Vereadores" e um "Procurador de Concelho"; a que se juntavam, quando fosse caso disso, "homens bons" e "almotacés", a quem cumpria regular o pequeno comércio local[34].

Era toda uma estrutura de administração periférica[35] que efectivamente aparecia nas ilhas. Importa decerto, repetimos, não

---

prevaleceram. A partir de meados do século XVII, alguns dos Governadores de S. Tomé juntaram ainda a essa denominação o título, decerto honroso, de "Capitão Geral". Título que constituía seguramente distinção particularmente ansiada, e nem a todos concedida. Cristina Serafim (*op. cit.*: 46-47) mostra que petições para a sua utilização choveram ao longo do século XVII: todos queriam o título. Em 1699, o Rei (já da Casa de Bragança) decidiu finalmente regulamentar o seu uso, determinando que dele apenas podiam usufruir "os governadores cuja folha de serviços registe que tenham sido anteriormente mestres de campo ou ocupado posto equivalente" (*ibid.*: 47). Mesmo nesse domínio a casa foi sendo arrumada segundo um espírito novo.

[33] C. Serafim, *op. cit.*: 64.

[34] *Ibid.*: 45-115. Semelhante, aliás ao que se passava por todo o Reino. Resta apurar, como nos sublinhou António M. Hespanha, se em S. Tomé e Príncipe (tal como no Brasil ou em Macau) essas criações tinham alguma realidade efectiva.

[35] Comuns aos de todo o Reino, mas fascinantes (em todo o caso na denominação), foram os novos cargos "de tutela" criados. O que estava em

exagerar a alteração levada a cabo: a sua eficácia prática deixava muito a desejar. Todavia um novo modelo de administração territorial e política fora criado e exportado. Novos personagens se vieram acrescentar aos panoramas sociais das ilhas, e o seu poder não era sempre de subestimar. Mais, eram outras tantas peças de um "mobiliário conceptual" que passou em muitos sentidos a fazer parte integrante dos imaginários locais, como iremos ter oportunidade de ver. Esquecidas ficavam as veleidades de um controlo avulso e casual, que se esgotasse na submissão simples das populações confrontadas e na rentabilização em benefício individual. E, talvez mais diacrítico, havia que lograr uma extensão do poder nos termos muito específicos de um espírito, então inovador, de uma maior maximização dos recursos e relações económicas e laborais [36], com uma fortíssima componente virada para a arrecadação segura dos benefícios e lucros a que o monarca, considerava-se, tinha direito. Se não se verificou a centralização planeada que os historiadores nacionalistas inventaram, o Antigo Regime nos trópicos também não foi tão-só um puro teatro de sombras.

A longa crise que se arrastou pelo século XVIII adiante viu poucas alterações de fundo nos panoramas político-administrativos do arquipélago. Foi um período (durante muito tempo se considerou)

---

causa, para essa nova e alargada concepção da administração pública de S. Tomé e Príncipe, era a assunção, pelo Estado, da responsabilidade por aqueles que se considerava não estarem em condições de se administrar a si próprios: "os defuntos e ausentes, órfãos e cativos e ainda outras entidades como capelas, hospitais, confrarias e albergarias" (*idem*: 87). Para tutelar o interesse destas categorias foram criados cargos com títulos tão saborosos como o de "Juiz dos Órfãos", o de "Escrivão dos Órfãos", o de "Provedor dos Órfãos" e o de "Superintendente das Fazendas dos Defuntos e Ausentes":

[36] Um ponto implicitamente reconhecido por numerosos dos autores que sobre S. Tomé e Príncipe se debruçaram. Por todos, C. A. das Neves escreveu, com coerência trazendo à baila os dois tipos de "tensões" que como vimos postulou (as "inter-classistas" e as "de ordem racial"): "os constantes e prolongados conflitos sociais, provocados pelas tentativas de conquista e supremacia políticas e sociais, bem como as muitas e violentas revoltas de escravos levaram o sistema produtivo à ruína" (*op. cit.*: 28).

Parte I – A Admin. Públ. em S. Tomé e Príncipe ...

de grande quebra económica nas ilhas [37]. Mas não se perdeu pela espera. Os finais do século XVIII e o limiar do século XIX vieram mais uma vez trazer algumas alterações na administração de S. Tomé e Príncipe [38]. O "ciclo do açúcar" ficara para trás. Depois de uma prolongada crise, um novo ciclo, o "do café" e, sobretudo, "do cacau" [39], era encetado. E havia mais do que isso. Novamente esperanças inovadoras se desenhavam.

O Estado moderno surgira. Esforços sistemáticos e conscientes de alguma centralização esboçavam-se. Buscava-se uma maior implantação, mais ampla e genérica. Já não bastava ampliar o poder régio e assim garantir a boa percepção dos lucros que cabiam à Coroa. Havia que estudar a forma racional de melhor tirar vantagens

---

[37] É de sublinhar que a realidade efectiva dessa crise é facto hoje menos pacífico entre os historiadores do que na altura em que Francisco Tenreiro introduziu a ideia.

[38] Mas não de imediato. Tanto quanto sabemos, no início o Iluminismo não tentou grandes reformas em S. Tomé e Príncipe, embora em Angola, na Índia e no Brasil, as tenha havido, importantíssimas, muitas delas da mão de Sousa Coutinho. Como pôde escrever Valentim Alexandre (1998: 147), em (org.) Francisco Bethencourt e Kirti Chauduri, *História da Expansão Portuguesa*, volume IV, *Do Brasil para África (1808-1930)*, "na primeira metade do século o arquipélago era uma colónia longínqua, entregue a si própria, visitada de longe em longe por uma ou outra embarcação de guerra, praticamente sem relações mercantis com o reino, que nela gozava de uma soberania pouco mais do que nominal, exercida por governadores sem força própria, por inteiro sujeitos ao jogo de influências locais". No volume X da *Nova História da Expansão Portuguesa* (1998: 274) organizada por Joel Serrão e A. H. de Oliveira Marques, Augusto Nascimento concorda, acrescentando que "num prenúncio das teses colonialistas da década de Oitocentos derrogadoras dos ideiais liberais de meados do século, governadores e outros sentenciavam ser a província ingovernável pelas leis do Reino".

[39] A rentabilidade da cultura do café teve o seu apogeu nos anos 60 do século XIX, a do cacau, cerca de vinte anos depois (cf. Valentim Alexandre, 1998, "Os arquipélagos atlânticos", em "situações coloniais I – a lenta erosão do Antigo Regime (1851-1890), em Francisco Bethencourt e Kirti Chauduri, *op. cit.*: 149). Foi com base nestes dois produtos que S. Tomé se veio a transformar, "em finais do século", na "pérola" das possessões portuguesas (*idem*).

do arquipélago, deixando para trás amadorismos antigos. A minúcia sistematizadora, de alguma forma, despontava. Em todo o caso, "deve observar-se que é nesta altura que o fomento económico e o estudo científico das colónias deixam de constituir matéria das instruções aos governadores e passam a ocupar um lugar ainda mais destacado entre as preocupações dos governantes"[40]. Com essa nova agenda alargada, uma nova forma de racionalização administrativa assentava arraiais a passos largos. Ao domínio efectivo das populações, à relativa "normalização" formal e às novas formas de rentabilização económica, vinham agora juntar-se uma nova racionalidade política e económica, ambas muito mais minuciosas e com novos pontos de aplicação do que aqueles que a "primo-moderna" tivera [41].

Os primeiros passos não terão sido fáceis. A conjuntura local não era nada favorável a quaisquer centralizações ou racionalizações. Como Augusto Nascimento escreveu na *Nova História da Expansão Portuguesa*, organizada por Joel Serrão e A. H. de Oliveira Marques: em S. Tomé e Príncipe, "as tentativas de monopólio e de patrimonialização de cargos geravam os litígios entre clientelas, em constante realinhamento e, mais importante, impunes por não se oporem frontalmente ao Reino. Ademais, o governo central estava muito distante: com frequência, portarias e ofícios demoravam cerca de

---

[40] Cfr. Marcelo Caetano, *op. cit.*, p. 494.

[41] Não eram só as circunstâncias conjunturais das ilhas que se tinham alterado; também se arvoravam novos modelos político-administrativos numa época de mudanças profundas nos panoramas político-ideológicos europeus. A substância dos enunciados, no entanto, mantinha-se, por detrás de formulações e conceitos novos. Assim, por alvará de 18 de Setembro de 1811, ordenava-se a intensificação do desbravamento, cultura e colonização dos Domínios, pela aplicação das leis de sesmaria, instituindo-se em S. Tomé e Príncipe uma *Junta de melhoramento da agricultura*. Não muito mais tarde, o governo setembrista viria a publicar a primeira Carta Orgânica das Colónias, da autoria do então Ministro da Marinha e Ultramar, António Manuel Vieira de Castro, por decreto de 7 de Dezembro de 1836. S. Tomé e Príncipe passaria a constituir-se como uma entidade com um governo próprio, ainda que a sua submissão a Lisboa permanecesse, *grosso modo*, inalterada.

um ano, ao passo que as notícias corriam extra-oficialmente, facto relevante pois que, em função da colisão das clientelas, as alterações políticas na metrópole tinham imediata réplica na ilha. Neste contexto, a administração, a legislação e os tribunais eram meios de dominação pessoal. De permeio com eleições desenrolavam-se intermináveis querelas que, ao sabor de alterações políticas ou do favoritismo dos governadores, proporcionavam temporário ascendente a uma das facções. Na impossibilidade de distanciamento, os governadores enredavam-se nos conflitos e contradiziam-se sobre os notáveis locais. Em desvantagem, esboçavam precárias alianças, tentando compromissos em troca de agraciações e promoções nas hierarquias administrativa e militar. Sob pena de uma censura ou mesmo de uma sindicância pela pessoalização dos litígios, alguns governadores enveredaram pela construção de redes clientelares contra as dos senhores locais, estratégia em geral gorada pela sua reduzida permanência" (1998: 273). Vivia-se um tipo de situação de subalternidade dos funcionários do Estado que não se coadunava bem com o novo espírito da época que alcançou S. Tomé e Príncipe em meados de Oitocentos.

Em parte decerto por isso mesmo, os esforços de "domesticação" da população santomense intensificaram-se. Tratava-se de mais do que de uma inovação quantitativa no que diz respeito às tecnologias administrativas utilizadas naquela possessão ultramarina. O salto "racionalizador" (agora "moderno"), proposto (ou melhor, imposto) a partir da metrópole, era premonitório de uma tendência de fundo que viera para ficar. Uma tendência idealizada que o passar dos anos viria aprofundar, mas sem grandes alterações de facto no que toca ao exercício efectivo de um poder administrativo ou político. Uma estrutura "formal" ia porém sendo montada. Motivos económicos (as novas plantações) e políticos assim o exigiam. E, para isso, iria ser levado a cabo aquilo que vários autores apelidaram de uma segunda colonização do arquipélago. Os seus primeiros passos fizeram parte de um todo maior. Seria a partir de 1 de Dezembro de 1869, por intermédio de um decreto referendado por Rebelo da Silva, que se considerava em vigor, nas províncias ultramarinas, o Código Administrativo de 1832. Nele dispunha-se que o território colonial português estava dividido em seis *províncias*: Cabo Verde (compreendendo a Guiné), S. Tomé e Príncipe, Angola, Moçambique, Estado da Índia e Macau e Timor. As províncias dividiam-se em distritos e estes em concelhos. Em Cabo Verde, Angola, Moçambique e na Índia havia *Governadores Gerais*; nas outras duas províncias, *Governadores* e nos distritos, *governadores subalternos*. Era todo o desenhar de um mapa de controlo o que se esboçava.

Seria difícil exagerar o peso que nesses processos de racionalização do poder colonial e do seu exercício tiveram as tensões e lutas políticas internacionais da época. O que, para S. Tomé, não era novidade. Mas agora os cenários não eram os do controlo marítimo regional e da pirataria no Golfo, nem o da competição ibérica e o das velhas alianças e coligações continentais. O palco alargara-se e modificavam-se as regras do jogo. O chamado *scramble for Africa* de potências europeias em plena Revolução Industrial, e a competição acesa entre elas num Concerto da Europa cada vez mais dissonante, foi decerto marcada. Estados pequenos como o português eram a isso particularmente vulneráveis. Já no final do século XIX, o princípio da ocupação efectiva imposto pela Conferência de Berlim, reunida entre 1884 e 1885, viria a ditar mais modificações na estrutura e actividade administrativas nas diversas colónias portuguesas, porquanto previa que as potências signatárias "deviam assegurar a existência, nos territórios por elas ocupados, duma autoridade suficiente para fazer respeitar os direitos adquiridos e, sendo preciso, as liberdades de comércio e do trânsito"[42]. Uma nova ordem política internacional estabelecia-se, com fundações fortes que, não indo durar muito, pareciam decerto, aos actores sociais mais atentos[43] da época, ser de pedra e cal.

---

[42] Infelizmente, não podemos avançar grandes detalhes quanto às consequências que daí advieram, pois seria extravasar o âmbito deste trabalho.

[43] Uma atenção que para as elites portuguesas mais bem informadas se tornou aguda após o Ultimato Inglês e a "perda" do dito "Mapa cor-de rosa".

Não era talvez porém esse o único dos factores actuantes sobre a progressão das estruturas da administração pública em S. Tomé e Príncipe. Acrescentavam-se-lhe, por via demográfica, dimensões "sociais" e "culturais" de peso. Juridicamente, a condição de escravo fora abolida em 1869 [44]. A condição sucedânea de "libertos" revelou-se um expediente de curta duração: poucos anos depois, em 1875, por sua vez, extinguia-se. No intuito de explorar as novas plantações, e de o fazer nos termos da nova racionalidade vigente, um influxo crescente de europeus (ainda que sempre em número exíguo) estabeleceu-se nas ilhas e, rapidamente, o controlo das roças foi passando para as suas mãos. Isso coincidiu com um cada vez mais sentido cansaço dos matos desbravados para a agricultura intensiva desse segundo grande ciclo económico da economia de plantação do arquipélago, com as incertezas advenientes das flutuações imprevisíveis das cotações dos produtos localmente produzidos nos mercados internacionais e com uma forte vontade política de, por um lado, fomentar a produção e de, por outro, manter à margem os "ilhéus" [45]. Ilhéus esses que em todo o caso, uma vez destituídos da propriedade das plantações de que tradicionalmente as elites "forras" dependiam, tendiam a recusar nelas trabalhar. Associado à revitalização económica tudo isto redundou numa consequência inevitável: uma situação de séria carência laboral instalou-se.

A solução encontrada passou, mais uma vez, pela "importação de mão-de-obra". O que não deixou de ter efeitos secundários, por assim dizer. Como escreveu um analista contemporâneo especializado neste período, "a mão-de-obra não pudera ser encontrada no arqui-

---

[44] Para mais detalhes no que toca a S. Tomé, ver Valentim Alexandre (1998), em Francisco Bethencourt e Kirti Chauduri, *op. cit.*: 149

[45] Gerhard Seibert (2001) chama a esta fase da história do arquipélago "a segunda colonização" de S. Tomé e Príncipe. O título sublinha bem a ruptura que então se deu e que redundou na subalternização, pelos "brancos" que se vieram ocupar das novas plantações de cacau, daqueles (os ilhéus) que tradicionalmente controlavam as plantações e se consideravam como os ocupantes mais antigos e insistiam em, nesses termos, estabelecer hierarquias locais.

pélago por várias razões, entre elas a condição social dos ilhéus, a rarefação demográfica e, aspecto crucial, a necessidade de dissociação do contingente braçal do tecido social local. Ao tempo do início do seu envolvimento na produção de café em meados de Oitocentos, os europeus foram acompanhados, quando não precedidos, pelos ilhéus. Estes gozavam dos direitos de cidadania conferidos pelo assimilacionismo liberal de meados de Oitocentos. Entre eles vigorava uma diversificação social, além da clivagem relativamente aos escravos por eles habitualmente adquiridos nas costas próximas, mormente no Gabão. Se algum segmento populacional era passível de sujeição aos padrões de trabalho dos estabelecimentos produtivos orientados para a maximização do lucro, não era certamente o dos ilhéus com quem, de resto, os europeus, de início devotados para actividade comercial, procuraram estabelecer alianças económicas e sociais, nalguns [casos] materializadas em casamentos. Por estas razões os ilhéus não se apresentavam como o alvo típico de empresas de colonização assentes no uso intensivo de mão-de-obra africana" [46]. Perdidas as roças, sem opção de a elas se manterem ligados, muitos foram os ilhéus (sobretudo os membros das elites) que apostaram em ocupar lugares (por via de regra subalternos) numa administração colonial cada vez mais ambiciosa.

Detenhamo-nos um pouco sobre estas mudanças. Durante um longo período o sentido da evolução das coisas, no que toca à progressão do poder político-administrativo português exercido sobre a população do arquipélago, fora bastante unívoca e homogénea. No relacionamento entre o Estado e os santomenses a direcção geral, a nível das intenções daquele, e apesar das relativas ineficácias de que padecia e dos avanços e recuos a que se via sujeito, mantinha-se incólume: era a procura, árdua, de uma intervenção cada vez

---

[46] Augusto Nascimento (2001), "Mutações sociais e políticas em S. Tomé e Príncipe nos séculos XIX e XX: uma síntese interpretativa", *Centro de Estudos Africanos e Asiáticos*, IICT, Lisboa.

Parte I – A Admin. Públ. em S. Tomé e Principe ...　　43

mais ampla e também de uma implantação mais profunda. Nos anos subsequentes, essa tendência, esse padrão, ir-se-iam manter. Mas não sem os seus traços paradoxais. Ao longo da segunda parte do século XIX e da primeira do século XX, o Estado colonial em S. Tomé e Príncipe foi mudando lentamente, em resposta às modificações (ostensivamente radicais, mas na prática ligeiras) na retaguarda que, no que toca ao "problema colonial", o Estado português metropolitano sofreu com alterações tão potencialmente (ou tão aparentemente) perturbadoras como as lutas liberais, a extinção da escravatura, a abolição da Monarquia e a declaração-instauração da República, ou a emergência do Estado Novo.

Do ponto de vista da população de S. Tomé e Príncipe, na sua articulação com o Estado a complexidade das relações mantinha-se. Para nos atermos a apenas um exemplo, dos inúmeros possíveis: a "crise braçal", como foi apelidada a falta de mão-de-obra adequada que afligiu a colónia em finais do século XIX, resolveu-se de maneira expedita com a substituição (ou a complementarização) da importação de mão-de-obra *angola* (nome dado então aos Angolanos, mas também a gente trazida de outros lugares da África central para as plantações em Angola, e depois transferidos para S. Tomé) "pela importação de caboverdianos, moçambicanos, afora esporádicas contratações de *guinés* e indianos, tal como os roceiros tinham ensaiado a contratação de centenas de *coolies* e *kroomanos*"[47]. As divisões existentes no interior da população (entre "ilhéus" e "mão-de-obra importada", "brancos" e "nativos", elites e o resto [48]) faziam

---

[47] Augusto Nascimento (2001), *op. cit.*: 8. Esta situação veio, senão apagar, pelo menos moderar o que se passara em finais do século XIX, relativamente ao qual Valentim Alexandre pôde escrever que "localmente mandavam os roceiros, pela influência que exerciam sobre a administração do arquipélago; mas esse domínio estava no essencial em consonância com os interesses da metrópole" (Valentim Alexandre, *op. cit.*: 149)

[48] O que levou alguns analistas a traçar linhas divisórias entre "fases", que esta "crise" teria gerado. Fê-lo, por exemplo, Gerhard Seibert (2001, primeiros capítulos), como atrás sublinhámos. Augusto Nascimento (1998), *op. cit.*, propõe, por exemplo uma periodização Oitocentista que inclui uma fase de

dessa articulação uma ligação pluridimensionada, de uma perspectiva sincrónica, e tornavam-na diacronicamente muitíssimo variável. Condições externas e internas interagiam de maneira densa em novos panoramas sociais nas ilhas que, de acordo com as novas cartilhas políticas, urgia ao poder central tentar gerir e conduzir.

A relativa inexpugnabilidade do poder político-administrativo em relação a alterações conjunturais de peso como o fim da Monarquia na Metrópole não é intuitiva. Mas nem essa mudança, nem a alteração na base social de recrutamento dos roceiros estabelecidos nas ilhas, parecem ter verdadeiramente afectado a dinâmica local das relações político-económicas em vigor. Aquilo que em verdade sucedeu foi que, como notou Augusto Nascimento, "a maior latitude de poder conferida na República aos governadores e altos-comissários das colónias significou [também em S. Tomé e Príncipe] um acréscimo de litígios e disputas entre elas e os roceiros, repercutidas em demandas e concessões de recrutamento de braços que amiúde eram revogadas"[49]. De um ponto de vista político-administrativo, essas foram porém tempestades em copos de água[50], num arquipélago habituado a divisões e tensões deste tipo.

---

dominação pelos ilhéus, seguida de um esbatimento desse ascendente que desenbocou, com o cacau e o racismo evolucionista, numa "hegemonia dos europeus" no arquipélago. De interesse são também as clivagens que rastreia, entre elites e o resto da população (incluindo os "brancos"), ou entre ilhéus e trabalhadores importados do continente africano para as roças de S. Tomé e do Príncipe.

[49] *Ibid* (2001).: 8-9.

[50] A excepção foi a relativa à ilha do Príncipe, e vale a pena neste contexto tornar a citar A. Nascimento, que fez desta retoma da colonização do arquipélago o seu tema de eleição: "a República alimentou [no arquipélago] um crescendo de esperanças que ela própria desfaria. Foi bem recebida pelos ilhéus mas a relação destes com o novo regime seria difícil, especialmente devido ao protagonismo dos europeus que, mais do que em períodos anteriores, quiseram subalternizar os ilhéus. Em 1910, a implantação da República foi acompanhada de conflitos, raros nas colónias portuguesas. Apesar dos conflitos terem oposto europeus, a verdade é que, na linha do investimento ideológico dos republicanos na questão das colónias, se insinuava a ideia de uma especial aptidão para a

Não será porventura exagerada a asserção de que, apesar de muitíssimas terem sido as alterações e os acrescentos a que o século que se seguiu veio dar lugar, já no alvor do século XX o tabuleiro político-administrativo estava posto em S. Tomé e Príncipe. As intensificações e os alargamentos na acção e intervenção do Estado foram crescendo ao longo dos anos novecentos: mas poucas foram as modificações qualitativas no modelo em vigor. O velho tipo de relacionamento (de renitências e resistências múltiplas, chamemos--lhe assim) entre a população e o Estado manteve-se.

As plantações (agora quase sempre de cacau) reforçaram neste período a sua presença, sobretudo na ilha de S. Tomé. Muita da autonomia concreta delas foi conservada, em nome porventura tanto do realismo político como da racionalização económica que a competição internacional cada vez mais impunha. A sua subordinação formal e nominal perante uma administração que se queria cada vez mais ampla e abrangente do Estado central estava contudo salvaguardada. A autarcia efectiva dos roceiros não seria tocada e era inteiramente visível, mantida embora por detrás de um enquadramento idealizado. A antiga conciliação de forças antagónicas mas complementares continuava a pautar a progressão administrativa no controlo do arquipélago, ainda que agora os actores fossem outros. E, com ela, a relativa ineficácia dos esforços levados a cabo, independentemente das esperanças que os alimentavam.

---

colonização pela circunstância de se ser europeu, o que trazia consigo o gérmen da subjugação dos ilhéus. Assim se entende que os nativos do Príncipe, embora decerto instrumentalizados pelos roceiros, tenham solicitado a reposição do cargo de governador distrital no Príncipe – cargo extinto por decreto de 19 de Abril de 1911 – que preferiam a subordinação à comissão administrativa municipal dominada pelos residentes europeus mesmo se republicanos" (A. Nascimento, *idem*: 9-10). Iniciativa que, como iremos ver, teve repercussões que se propagaram para além da independência do país. A verdade é que mesmo esse "regime de paradoxo" (ibid.: 10) que foi o Republicano mudou pouco da macro-estrutura da recepção popular relativamente à administração pública instalada no arquipélago como um todo.

Importa em todo o caso não minimizar mesmo as tempestades em copos de água, sobretudo quando elas, ainda que sem alterações estruturais no aparelho montado, na prática o faziam funcionar de maneira diferente. A partir de 1926, e por longos anos, isso veio a acontecer no arquipélago. Com o liberalismo, as roças e o seu *boom*, o associativismo crescera nas elites dos ilhéus; e também o seu poder e a sua consequente capacidade reinvindicativa. A sua ocupação de postos nas estruturas da administração pública das ilhas continuou. Com distúrbios, resistências activas e passivas e intervenções jornalísticas e institucionais profusas, uma muito mais vincada "afirmação social dos nativos"[51] emergiu. Uma afirmação perante a qual, decerto não surpreendentemente, o Estado Novo reagiu com alguma dureza e inflexibilidade[52].

A famosa Liga dos Interesses Indígenas, que tanto lograra mobilizar as elites santomenses viu, logo em 1926, a sua sede incendiada, na sequência de distúrbios urbanos que se seguiram a umas eleições para o Conselho Superior das Colónias que as autoridades fizeram questão fossem ganhas pelo seu próprio candidato e não pelo que a Liga queria[53]. Durante os anos 30,

---

[51] Escusamo-nos aqui de pormenorizar este fascinante crescendo, para o qual aconselhamos a leitura de, entre outros, Pablo Eyzaguirre, William Gervase Clarence-Smith, Gerhard Seibert e, é claro, Augusto Nascimento. Este último insiste na natureza de pura "afirmação social" para estes movimentos da transição do século, em oposição à retórica construtivista dos nacionalistas e do *wishful thinking* teleológico das interpretações que os têm configurado como formas de consciência "proto-nacionalista" em S. Tomé e Príncipe. Anos mais tarde, associações deste tipo viriam a ser complementadas por muitas outras, de cariz "cultural e recreativo", como o Grémio Africano e a Associação Recreativa de S. Tomé.

[52] Para dar novamente voz a Augusto Nascimento (*op. cit.*: 12): "em nome da paz social e racial, a Ditadura e, em seguida o Estado Novo impuseram a resolução, quando necessário pela via policial e administrativa, de conflitos entre e com nativos e europeus. Na verdade, os governadores nomeados pelo poder pós-28 de Maio mostraram-se pouco tolerantes com a independência de espírito dos ilhéus, que não podiam deixar de olhar como contrária a uma natural hierarquia social".

[53] *Idem.*

Parte I – A Admin. Públ. em S. Tomé e Principe ... 47

ainda, a imposição pelos Governadores de um "imposto individual indígena", de extorsão de trabalho nativo, bem como tentativas de derrogação da sua cidadania, indiciavam, numa situação de compressão orçamental do arquipélago, uma mudança de tom no exercício do poder; mas sem grandes alterações de fundo, repita-se.

Refira-se, por último, que a partir de 1951, num renascer do que já fora defendido em inícios do século XIX e continuara a ser referido no Título V da Constituição da I República (1911), S. Tomé e Príncipe passou a ser considerada uma Província Ultra-marina de Portugal. Mais uma vez aquilo que urgia realizar era, não um efeito concreto e materialmente palpável, mas tão-só uma expressão dos interesses ideológicos e idealizados do Estado, neste caso concreto os de um Estado português contrafeito com o que a nova face da interdependência internacional saída da Segunda Guerra Mundial soletrava para uma soberania nacional pela qual o Estado Novo apostara velar com zelo e ardor.

Num canto de cisne, de colónia passou (verbalmente) a ser parte integrante de um Estado unitário ainda que geográfica e continentalmente disperso pelos quatro cantos do Mundo. Mas mais uma vez foi uma "mudança na continuidade" aquilo a que se assistiu. Como sempre, pouco se modificou de facto no arquipélago ou na sua administração, à parte as alterações superficiais legíveis nas involuções ostensivas, mas pouco consequentes, de novos discursos, de novos títulos, de novos cargos, de novos planos e de novos personagens.

Curiosa, mas talvez previsivelmente, também os anos 50 [54], os 60 e os primeiros anos da década de 70 do passado século XX, pouco significado tiveram para a evolução da administração pública de S. Tomé e Príncipe. Houve novamente mudanças, mas apenas quantitativas de ajustamento de estruturas que no essencial já estavam instaladas. Os roceiros, enquanto grupo sócio-económico, sempre

---

[54] As excepções (variadas) seriam, neste decénio, as inovações levadas a cabo pelo Governador Gorgulho, sempre empenhado em mobilizar os ilhéus para trabalhar nas roças.

tiveram, no "ciclo do café e do cacau", enorme força política nas ilhas; as roças, como vimos, já não estavam nas mãos das elites "forras" que até à "segunda colonização" do arquipélago as tinham controlado. A base de recrutamento dos membros do agrupamento foi porém mudando ao longo do tempo: "primeiro constituído por proprietários, [o grupo] seria depois formado por administradores, cargo conferido a militares e pessoal qualificado na época de maior prosperidade e, ao invés, a europeus de baixa extracção cujos tirocínio e ascensão profissional (e social) se processavam na roça ao longo de anos, senão de décadas"[55]. Mas, no fundo, nada mudou. "Porque se isto comporta algo de verdade, também é certo que os roceiros (mesmo em luta com os políticos) mantiveram o seu poder, ou seja, a determinação das relações pertencia ainda aos roceiros, ainda e sempre, numa relação tensa com o poder político"[56]. Sem querermos ser reducionistas, tudo se parecia passar como nos finais dos tempos das donatarias primordiais no arquipélago.

Tratava-se todavia de uma aparência enganadora. Já que não é verdade que não houvesse em S. Tomé e Príncipe na época da independência (e nos anos que imediatamente a precederam) uma administração com alguma eficácia. Antes pelo contrário. O irredentismo nacionalista, num arquipélago que inicialmente fora ocupado em parte pelas vantagens, em termos de segurança e defesa, advenientes da distância e do isolamento, poucas possibilidades tinha de sucesso perante uma ocupação territorial bem organizada e eficazmente repressiva como a portuguesa nestes últimos anos.

No fundo, a progressão unidireccional de formas e estratégias de controlo administrativo surtira algum efeito. Nas "quadrículas" das numerosas frentes de gestão estadual, a população via-se por fim largamente subjugada. A ausência de quaisquer formas de luta armada anti-colonial nas ilhas foi assim, paradoxalmente, correlativa do esforço histórico, "de longa duração", de intensificação sistemá-

---

[55] *Ibid*: 18.
[56] *Ibid*: 21.

tica de um cada vez mais amplo e aprofundado poder administrativo [57], patente num controlo que (com alguma fundamentação) era tido como a melhor maneira de garantir que a relação de forças se não iria alterar em desfavor do Estado (fosse ele qual fosse) que naquelas paragens exercia o poder político.

Foi essa a conjuntura interna herdada pelo Estado pós-colonial, cujas rédeas o MLSTP assumiu em 1975. Os analistas contemporâneos não têm divergido muito no espírito das várias interpretações que têm sido formuladas quanto a essa "passagem de testemunho". A imagem complexa que fica parece ser a de um enorme e continuado empenhamento, por parte dos grupos detentores do poder nas ilhas, em tentar garantir uma extensão e intensificação progressivas de uma tutela estatal sobre uma população que historicamente tem sido muito renitente em acatar, paradoxalmente aliado a um quase total alheamento do Estado em relação à real situação da sociedade estabelecida no território do pequeno arquipélago.

Trata-se de uma imagem cuja complexidade emerge do multidimensionamento tanto das comissões como das omissões que comporta. Gerhard Seibert, por exemplo, considerou recentemente [58] que o poder foi no fundo e no essencial tomado por representantes de uma elite "forra" apostada em recuperar o controlo de plantações e de uma economia que o Estado colonial e os roceiros portugueses lhes teriam extorquido uma centena de anos antes; Seibert considerou que a actuação das elites ilhéus na fase de transição para a independência e no período imediatamente posterior, longe de hipotéticas preocupações sócio-económicas genéricas, foi sobretudo pautada pela vontade política de assumir um controlo firme do aparelho de Estado e da economia, que lhes permitissem reconquistar o ascen-

---

[57] Que na época tinham já co-optado as elites ilhéus que, uma vez perdidas as suas propriedades se viraram para a administração pública, onde conseguiram ocupar alguns postos importantes de segunda linha.

[58] Gerhard Seibert (2001, *op. cit.*: 12).

50   *Litígios e Legitimação*

dente tradicional perdido. De um outro ângulo, por assim dizer, muito mais político-económico que político-administrativo, Augusto Nascimento parece ter tido opinião paralela, quando asseverou que "consumada a independência, a pluralidade social foi entendida como avessa ao desenvolvimento. Independentemente da sobrevivência das agremiações tradicionais, privilegiou-se a organização hierarquizada tutelada pelo Estado no qual se tentou corporizar todas as formas de expressão social e identitária". Para concluir que, talvez por isso (e tal como aconteceu, acrescentaríamos nós, no período colonial), "progressivamente, o regime de partido único significou a exclusão de largas camadas da população da participação na vida activa"[59].

1.2. A INDEPENDÊNCIA E O PERÍODO APÓS A INDEPENDÊNCIA [60]

É contra este pano de fundo que as andanças mais recentes da administração pública do arquipélago se tornam mais fácil e plenamente inteligíveis. Uma vez conseguida (e realizada rápida e pacificamente) a tão almejada independência, em 12 de Julho de 1975, qual foi o sistema de organização da administração pública que os santomenses foram encontrar na Província Ultramarina de S. Tomé e Príncipe em que viviam?

Como seria de esperar, *mutatis mutandis*, o modelo administrativo metropolitano português fora amplamente transferido para as ilhas. A ligação político-administrativa umbilical à Metrópole estava assegurada: S. Tomé nessa época tinha, como já vimos, um

---

[59] *Ibid.*: 26.

[60] Baseamos este nosso estudo em *Colectânea de Legislação de 1975 a 1989* (obra em seis volumes), Lisboa, 1991, organizada pelo então Presidente da Assembleia Nacional de S. Tomé e Príncipe, Dr. Francisco Fortunato Pires, que muito amavelmente foi oferecida à Faculdade de Direito da Universidade Nova de Lisboa.

Governador. Para além disso, o território dividia-se, para efeitos de circunscrição administrativa, em dois Concelhos: um, o Concelho de S. Tomé (ilha); e um segundo, o Concelho do Príncipe. No primeiro, a administração central era representada por um Administrador do Concelho; no segundo, o seu exercício estava a cargo de um Administrador de Circunscrição. Cada Concelho se dividia, por sua vez, em várias Freguesias. No Concelho de S. Tomé havia, ao todo, onze Freguesias. No Concelho do Príncipe, existiam apenas duas. E estas eram administradas por um Regedor de Freguesia.

Importa sublinhar o facto de esta (algo sofisticada) divisão da administração do arquipélago dever por sua vez ser incluída no âmbito da administração central (com sede em Lisboa). No que diz respeito à administração local da época, porém, devemos tomá-la por quase inexistente, embora cargos e títulos a ela relativos (e como já se tornara habitual nas ilhas) não faltassem. Um ponto a que iremos voltar.

1.3. O GOVERNO PROVISÓRIO

A transição de uma administração colonial para uma outra, pós-colonial, ainda que se tenha tratado de uma transição faseada e progredindo por saltos, foi em S. Tomé e Príncipe uma questão comparativamente suave e pacífica. A ausência, no arquipélago, de quaisquer movimentos nacionalistas armados, bem como as concordâncias político-ideológicas entre o Movimento de Libertação de S. Tomé e Príncipe (MLSTP) e o Governo metropolitano saído do 25 de Abril de 1974, em Portugal, tornaram-no possível.

Com a independência política bem visível na linha de horizonte, e depois de um efémero Governo de Transição, fora desde logo, em meados de 1975, criado um Governo Provisório, uma entidade cuja composição e atribuições se encontravam definidas na Lei Fundamenal [61]. Conforme dispunha o seu art. 11.º, "o Governo Provisório

---

[61] Cfr. Lei Fundamental de 17, de Julho de 1975.

é constituído pelo Primeiro-Ministro, que pode gerir os negócios de um ou mais Ministérios, e pelos Ministros". Dizia o n.º 2 desse mesmo artigo que "os membros do Governo Provisório são nomeados e exonerados pelo Bureau Político do MLSTP", sendo perante este e perante o Presidente da República politicamente responsáveis.

Enquanto entidade transicional, este Governo era o que se podia esperar, no novo clima político de sedimentação acelerada da autodeterminação e do que se desejava fossem grandes mudanças. No que toca às suas competências, reportamo-nos ainda à Lei Fundamental [62] que as enumerou. Eram elas: a de "conduzir a política geral do Estado"; a de "referendar os actos do Presidente da República"; a de "fazer decretos-leis e decretos regulamentares; a de aprovar os tratados e acordos internacionais"; e, por último, a de "superintender no conjunto da administração pública" do território e da população do arquipélago. Esta última competência é obviamente aquela que nos interessa mais para o presente estudo, pois, como veremos, várias seriam as inovações trazidas em sede de organização administrativa pelos vários decretos que foram sendo exarados por este Governo Provisório.

Resta dizer que, ainda que a título temporário (até à criação de novas estruturas administrativas do Estado), sentiu-se em 1975 e na conjuntura de transição que então se instalou a necessidade de criar, no quadro do pessoal do Ministério da Administração Interna, um lugar de Comissário do Governo na Ilha do Príncipe, com a categoria equivalente à de Ministro [63]. Um facto curioso numa província até então unitária, que prenunciava porventura o regime de autonomia que mais tarde viria a ser reconhecido a essa pequena ilha do arquipélago, sem que para tal houvesse quaisquer motivos histórico-sociológicos ou político-económicos evidentes, fosse para quem fosse.

---

[62] Cfr. artigo 13.º.
[63] Cfr. Decreto-Lei n.º 1/75, de 28 de Julho.

1.4. A NOVA DIVISÃO ADMINISTRATIVA DO PAÍS

Com a independência política, o novo Estado pós-colonial sentiu, compreensivelmente, que havia que, de maneira muito sustida e sistemática, arrumar a casa por assim dizer. O que foi feito, ou pelo menos tentado. Pouco tempo depois da promulgação da Lei Fundamental, a nova Lei n.º 1/77, de 22 de Fevereiro, veio proceder à revisão da divisão administrativa da recém-criada República Democrática de S. Tomé e Príncipe, depois conhecida como a 1.ª República [64]. Dizia o seu art. 1.º que esta se dividia em "províncias e distritos compostos de cidades e vilas com bairros e *lucháns*".

De acordo com o assim estipulado, em S. Tomé e Príncipe haveria, ao todo, duas Províncias. Por um lado, a Província de S. Tomé, constituída pela ilha do mesmo nome, pelos ilhéus das Cabras, das Rolas, e outros ilhéus adjacentes. Por outro lado, a Província do Príncipe, constituída pela ilha do mesmo nome, pelos ilhéus Bombom, Tinhosas, Boné do Jockey e também, e por sua vez, por outros pequenos ilhéus adjacentes.

Em cada Província existia uma comissão com funções político--administrativas, designada Comissão Provincial. Esta era composta por um Comissário Provincial que a ela presidia, pelos Comissários Distritais, e por mais um membro de cada comissão distrital por esta designado. Às comissões provinciais competia, nos termos do texto da Lei Fundamental de 1977, "criar as condições reais para o cumprimento da linha política do MLSTP, a execução das directrizes do Governo nos domínio sócio-económico e administrativo" bem como "colaborar com os serviços públicos e com o Comissariado Político do MLSTP na prossecução de tarefas de interesse geral" [65]. Para todos os efeitos, e de acordo aliás com o modelo democrático-centralista escolhido pelo partido único que

---

[64] Logo em 1975 houve uma alteração: a divisão colonial foi mantida, embora com o novo título de "zonas" (nas quais, no entanto, as plantações não estavam incluídas).

[65] Cfr. art. 7.º da Lei n.º 1/77, de 22 de Fevereiro.

assumira as rédeas do poder pós-colonial, tratava-se de pouco mais do que simples delegações do poder central do novo Estado independente.

A Província de S. Tomé era formada por quatro distritos. O de Água Grande, com sede na cidade de S. Tomé; o de Lembá, com sede em Neves; o de Cantagalo, com sede em Santana e o de Caué, com sede em São João dos Angolares. A Província do Príncipe era formada por dois distritos. O de Picão, com sede na cidade de Santo António; e o de Pagué, com sede em Oeste.

Tal como nas províncias, assim havia em cada distrito uma comissão com funções político-administrativas. Esta era designada por Comissão Distrital e, por sua vez, era composta pelo Comissário Distrital, que a ela presidia, e por mais oito membros efectivos e quatro suplentes, eleitos de entre os membros da intitulada Assembleia Distrital.

Mantendo em mente o que antes foi dito sobre o alargamento do âmbito de acção da administração pública a que, embora com avanços e recuos, S. Tomé e Príncipe esteve historicamente sujeito, é de todo o interesse passar em revista as principais competências destas comissões distritais criadas logo a seguir à independência do novo Estado. Eram elas as de "fiscalizar em colaboração com os organismos competentes actividades agrícolas, comercias e industriais com vista a combater, na referida área, as acções de sabotagem, nomeadamente, a baixa de produtividade, o açambarcamento, a especulação e todas as outras práticas susceptíveis de prejudicar a economia nacional"; as de "dinamizar a acção das empresas e outros organismos da sua jurisdição com vista a um aumento e melhoria da produtividade"; as de "exercer uma vigilância rigorosa pelo cumprimento da lei e a execução do programa político e social do Governo"; as de "ter a iniciativa de apresentação de planos e sugestões que interessem ao desenvolvimento económico, social e cultural do distrito"; e, finalmente, as de "procurar resolver com os próprios meios os problemas locais inerentes à sua área"[66].

---

[66] Cfr. art. 13.º da Lei n.º 1/77, de 22 de Fevereiro.

No que diz respeito às Assembleias Distritais, a sua natureza era diferente. Tratava-se, na sua essência, de órgãos consultivos, implantados a nível dos distritos, em cada caso formado por um representante de cada uma das comissões das todas as vilas, bairros e *lucháns* que constituíam o distrito, reunindo-se de três em três meses em sessão ordinária.

A mesma lógica administrativa se propagava por todos os níveis do sistema montado nesta primeira fase depois da independência política de S. Tomé e Príncipe. Em cada sede de distrito funcionaria ainda uma Secretaria de Distrito, para assegurar a execução de todos os serviços burocráticos da respectiva área. Como vimos também, existiam, em cada distrito, cidades e vilas formadas por bairros e aglomerados populacionais dispersos, localizados fora das zonas urbanas, denominados *lucháns*. Em cada uma destas circunscrições distritais (designadamente em cada vila, bairro e *luchán*) haveria ainda um órgão, essencialmente político, designado, respectivamente, Comissão Local de Vila, de Bairro ou de *luchán*. O controlo era por este modo exercido por intermédio de dois tipos de correias de transmissão, por assim dizer: uma, "de letra" buro-crática, a outra "de espírito" político.

Este controlo da máquina estava, pelo menos a nível das instituições e das intenções políticas que tinham presidido à sua criação, bem seguro nas mãos do centro: pois que finalmente, refira--se, e conforme dispunha o art. 53.º do diploma, as funções de Comissário Provincial eram exercidas cumulativamente pelo Ministro da Administração Interna, na Província de S. Tomé, e pelo Ministro Delegado da Presidência, na Província do Príncipe[67]. A lógica subjacente era claramente a já sublinhada: a propensão de tratar todas as instâncias locais como meras delegações de um novo poder central que se queria forte e coeso.

Tratava-se de uma reformulação profunda, se bem que facil-mente inscritível no balancear histórico (na oscilação de avanços e

---

[67] Quanto ao surgimento e competências deste último cfr. *infra*.

recuos, mas sempre unidireccional) tão manifesto nas evoluções e involuções políticas e administrativas do arquipélago. Com a entrada em vigor deste diploma de 1977, e de acordo com as estatuições expressas no mesmo, ficavam extintos (quais resquícios indesejados da potência colonizadora) vários organismos regionais e locais até então em funcionamento, a saber: a Administração Civil, a Administração do Concelho, a Câmara Municipal de S. Tomé, a Comissão Municipal do Príncipe, as Juntas das Freguesias e Regedorias. Por outro lado, muitas das actividades anteriormente cometidas às extintas Câmara Municipal de S. Tomé e Comissão Municipal do Príncipe passaram a integrar os vários ministérios [68].

E não foi tudo. Não se contentando com esta fortissimamente organizada redivisão administrativa do território do arquipélago a partir de um centro unitário, o Governo Provisório veio, pouco tempo mais tarde, criar no quadro do Ministério da Administração Territorial, seis lugares de Comissários Distritais de modo a permitir uma efectiva regularização das tarefas cometidas aos órgãos distritais

---

[68] Assim, segundo o Decreto-Lei n.º 19/77, de 5 de Janeiro, as actividades do matadouro integraram-se no Ministério da Agricultura; as actividades dos serviços de frigoríficos, de mercados das cidades e vilas e de aferição de pesos e medidas integraram-se na repartição dos serviços de economia do Ministério da Coordenação Económica, Cooperação e Turismo; os serviços de licenciamento das actividades extra das indústrias hoteleiras (restaurantes, bares, botequins e similares) passaram a integrar o centro de informação e turismo, também do Ministério da Coordenação Económica, Cooperação e Turismo; os serviços de salubridade pública (limpeza, capina e outros) das ruas e cemitérios das cidades e vilas integraram-se na direcção dos serviços da saúde do Ministério da Saúde e Desporto; as actividades de licenciamento funerário na Conservatória de Registo Civil do Ministério da Justiça; as actividades da Biblioteca Pública na Direcção dos Serviços de Educação do Ministério da Educação e Cultura Popular; as actividades dos serviços de arruamentos, jardins, parques, secção de desenho, licenciamento de construção de obras e de circulação de velocípedes com e sem motor, na direcção dos serviços de obras públicas e transportes do Ministério do Equipamento Social e Ambiente; as actividades do Cinema, no Ministério da Informação; e por fim, as actividades de licenciamento das festas populares e tradicionais, no Ministério da Administração Interna.

e locais [69] do poder político-administrativo. De maneira congruente com a opção política de fundo do partido único no poder, os Comissários tornaram-se desta forma na expressão viva da nova centralidade de que o jovem Estado pós-colonial queria fazer seu apanágio.

Sem que valha decerto a pena justificá-lo, chamaremos a este fenómeno centralização de poderes. Talvez seja útil re-enunciar as alterações sofridas, equacionando-as numa só frase. Segundo o modelo de centralismo democrático próprio da opção político-ideológica pró-Soviética escolhido pelo partido herdeiro da tutela portuguesa, do âmbito da administração local dos Concelhos passou o grosso das competências administrativas, em S. Tomé e Príncipe, para o âmbito da administração central dos diferentes Ministérios. Como iremos ter ocasião de verificar, porém, e tal como poderia ser de esperar tendo em vista a estrutura da história administrativa de S. Tomé, essa oscilação centralizante cedo veio a ser contrabalançada por uma inflexão na direcção oposta.

1.5. O GOVERNO

Logo no ano de 1978, entendeu-se como conveniente, nas mais altas esferas do novo poder político então no controlo do arquipélago, proceder a uma revisão geral da estrutura do governo bem como a uma definição das atribuições de cada Ministério, ao estabelecer normas pelas quais deveriam exercer as actividades que lhes competissem no exercício das suas respectivas funções executivas e administrativas.

Dispunha a Decisão n.º 1/78, de 9 de Outubro, que os organismos da administração central do Estado estavam subordinados ao Conselho de Ministros. Seguia-se-lhe uma classificação daqueles; podiam eles assim ser classificadas em: a) os que geralmente tomassem a seu cargo a direcção funcional e orientadora das questões

---

[69] Cfr. Decreto n.º 33/77, de 5 de Outubro.

que afectavam a todas as actividades, organismos e instituições do Estado; b) os que tomassem a seu cargo a direcção e administração de um ou vários sectores ou subsectores da economia ou de actividades política, cultural, educacional, científica, social e de segurança ou defesa.

Neste modelo, o exercício da actividade executiva e administrativa do Estado pós-colonial correspondia, na esfera da administração central e dentro dos limites das suas competências, aos Ministérios e outros organismos de igual categoria que fossem estabelecidos.

Como se dividiam então os Ministérios nessa 1.ª República, criada depois da independência política do Estado santomense?

Eram ao todo quinze, a saber:

- o *Ministério do Plano* [70] que tinha como função dirigir, executar e controlar a aplicação da política do Estado e do Governo em matéria de planificação económica e física, estatística, finanças, monetária e de crédito, para todos os sectores da economia nacional;

- o *Ministério da Justiça* ao qual competia assistir em matéria jurídica o Estado, o Governo e os organismos da administração central do Estado;

- o *Ministério dos Negócios Estrangeiros e Cooperação* incumbido de estudar, contribuir na elaboração e executar a política exterior do Estado e do Governo e dinamizar e materializar a cooperação com países estrangeiros, com vista a consolidar os objectivos políticos e económicos da República Democrática de S. Tomé e Príncipe;

- o *Ministério da Defesa e Segurança Nacional* encarregado de dirigir e executar a política do Estado e do Governo no que respeita à defesa da soberania e independência da Pátria e dos princípios da revolução, bem como à organização, manutenção e defesa da segurança e ordem interna do País;

---

[70] Este apenas criado em 1978.

Parte I – A Admin. Públ. em S. Tomé e Principe ...

- o *Ministério da Agricultura* que assumia a função de dirigir, executar e controlar a aplicação da política do Estado e do Governo quanto à produção e desenvolvimento agrícola e pecuário do País, e os programas de fomento florestal e da fauna silvestre nacionais, assim como a extracção de produtos florestais, tanto no sector estatal como no privado;
- o *Ministério do Trabalho e Previdência Social* que tinha como função dirigir e controlar a aplicação da política do Estado e do Governo em matéria laboral, salarial e de segurança social, para todos os sectores da economia nacional;
- o *Ministério da Saúde* ao qual competia dirigir, executar e controlar a aplicação da política do Estado e do governo no que se referia a saúde da população;
- o *Ministério das Construções, Transportes e Comunicações* incumbido de dirigir, executar e controlar a aplicação da política do Estado e do governo, tanto no sector estatal como no privado, no que se referia a: a) desenvolvimento de investigações e projectos para obras de construção e montagem de obras em geral, e a produção de materiais e produtos para a construção de elementos pré-fabricados para os mesmos, assim como a planificação e controle dos recursos hidrológicos e hidráulicos do país; b) transportes terrestres, marítimos e aéreo, seus serviços auxiliares e conexos, e navegação civil, marítima e aérea; c) serviços postais, telefónicos, telegráficos e radiocomunicação;
- o *Ministério das Indústrias, Comércio e Pesca* ao qual cumpria dirigir, executar e controlar a aplicação da política do Estado e do Governo, tanto no sector estatal como no privado, no que se referia a: a) desenvolvimento do sector industrial e seus ramos; b) actividade comercial exterior; c) abastecimento e circulação de bens de consumo e prestação de serviços comerciais internos;
- o *Ministério da Educação Nacional e Desporto* encarregado de dirigir, executar e controlar a aplicação da política do Estado e do Governo no que se referia a: a) matéria de

educação; b) programas de desportos, de educação e cultura física e de recreação física;

– o *Ministério de Informação e Cultura* cujas atribuições eram dirigir, executar a aplicação da política do MLSTP, do Estado e do Governo no que se referia a: a) formação e informação; b) estimulação e desenvolvimento de actividades culturais.

O controlo dos organismos da administração central do Estado era feito pelo Chefe do Governo coadjuvado pelo Primeiro-Ministro [71]. No modelo seguido nesta 1.ª República em S. Tomé e Príncipe, o primeiro atendia o Ministério dos Negócios Estrangeiros e Cooperação, o Ministério da Defesa e Segurança Nacional, bem como o Ministério da Agricultura. O segundo atendia, por delegação do Chefe do Governo, o Ministério do Plano, o Ministério da Justiça, o Ministério do Trabalho e Previdência Social, o Ministério da Saúde, o Ministério das Construções, Transportes e Comunicações, o Ministério das Indústrias, Comércio e Pesca, o Ministério da Educação Nacional e Desporto e, finalmente, o Ministério de Informação e Cultura [72].

---

[71] Cargo esse abolido em 1979.

[72] A título meramente comparativo, atente-se nas atribuições dos organismos da administração central do Estado e composição do Governo de acordo com a redefinição trazida pela Decisão com Força de Lei n.º 2/87, de 24 de Janeiro. Dispunha o n.º 1 desse diploma que os organismos da administração central do Estado passavam a ser os seguintes: *Ministério da Defesa e Ordem Interna*; *Ministério da Justiça e da Função Pública; Ministério dos Negócios Estrangeiros*; *Ministério da Informação*; *Secretariado do Conselho de Ministros*; *Ministério da Economia e Planificação*; *Ministério da Agricultura e do Desenvolvimento Rural*; *Ministério do Comércio, Indústrias e Pescas*; *Ministério dos Transportes e Comunicações; Ministério da Cooperação*; *Ministério das Finanças*; *Ministério da Educação*; *Ministério do Trabalho e Previdência Social*; *Ministério da Saúde*; *Direcção Nacional de Cultura*; *Direcção Nacional dos Desportos*; *Direcção Nacional de Habitação*. Não se tratava apenas, no nosso entender, de uma redenominação dos vários Ministérios que compunham o Governo. Havia uma evidente tendência para a especialização dos Ministérios consoante as áreas sobre as quais a sua actividade principal incidia. Com efeito,

Atenta a curiosa situação prevista para a ilha do Príncipe, é decerto interessante verificar o seu alcance a esse nível. Como complemento a este diploma legal, a Decisão n.º 2/78, de 9 de Outubro veio definir o âmbito da competência atribuída ao Ministro-Delegado da Presidência. O Ministro-Delegado representaria, a partir de então (1978), o Governo Provisório na província do Prín-

---

notava-se uma estrutura governativa redesenhada à volta de uma esfera económica bem como de uma esfera social próprias. A este fenómeno poderíamos dar o nome de *redistribuição funcional*. Por outro lado, verificava-se a autonomização de alguns serviços públicos que, à luz dos novos imperativos a prosseguir pelos governantes, ganhavam relevo e ascendiam à categoria de verdadeiros organismos da administração central do Estado. Era o que acontecia, designadamente, em relação à direcção nacional de segurança, à direcção nacional de cultura ou à direcção nacional de habitação. A este fenómeno poderíamos dar o nome de *desconcentração funcional*. Os dois fenómenos acima descritos outra coisa não eram do que o corolário da afirmação, que cada vez mais se fazia sentir, de uma Administração essencialmente prestadora que se via a si mesma como entidade colaboradora com os cidadãos na prossecução do interesse comum juntamente com a garantia dos interesses particulares destes. Refira-se que a leitura que fazemos deste diploma se circunscreve à perspectiva que aqui adoptámos, ou seja, a de uma análise de fontes normativas. Fica por determinar o verdadeiro impacto que tal redefinição obteve no dia a dia da vida dos Ministérios e na actividade administrativa santomense. Não poderemos, assim, responder à pergunta se tal terá sido, de facto, a intenção do legislador. Muito menos conseguiremos determinar se o diploma em causa obedeceu, *prima facie*, a imperativos doutrinários de melhor eficiência administrativa, através de fenómenos como a desconcentração de poderes, ou se, por outro lado ainda, o que estava em causa era a criação de mais Ministérios por razões meramente político-partidárias. Um ano mais tarde, a nova lei orgânica do Governo, estabelecida no Decreto-Lei n.º 33/88, de 3 de Outubro, vem extinguir os ministérios criados pela Decisão com Força de Lei n.º 2/87, que passariam a ser os seguintes: *Ministério da Defesa e Ordem Interna*; *Ministério dos Negócios Estrangeiro*; *Ministério da Justiça e Administração Pública*; *Ministério da Economia e Finanças*; *Ministério da Agricultura e Pescas*; *Ministério da Cooperação*; *Ministério da Educação e Cultura*; *Ministério da Saúde, Trabalho e Segurança Social*; *Ministério do Equipamento Social e Ambiente*. Infelizmente, não nos é possível adiantar aqui a composição do actual Governo em S. Tomé e Príncipe, dados os episódios recentes e dada a pouca frequência com que os diplomas são publicados.

cipe, competindo-lhe "vigiar pela correcta observância das leis e demais determinações do Governo"; "orientar e coordenar as actividades dos sectores económicos, sociais e administrativo"; "colaborar com os outros órgãos da administração central do Estado, com vista a criar condições necessárias para a orientação, coordenação e supervisão das actividades dos respectivos sectores a nível da província do Príncipe"; "propor a criação ou remodelação de sectores que permitam a satisfação das exigências do desenvolvimento da província do Príncipe"; "exercer a acção disciplinar do governo sobre todos os servidores do Estado, em serviço na província".

Seguramente com algum exagero, não será por tudo isto porventura descabido aventar que, *mutatis mutandis*, com a autonomia do Príncipe se lhe veio a conceder, logo na 1.ª República, um estatuto em relação ao Estado central sediado em S. Tomé não muito diferente daquele que, no período colonial anterior, este último usufruía em relação ao Estado português metropolitano.

1.6. A ADMINISTRAÇÃO FINANCEIRA

Sabemos que a actividade a desenvolver pela Administração Pública de qualquer país ficará sempre condicionada às opções do legislador constituinte, designadamente no que toca ao modelo económico que anima a orientação política da lei fundamental. Conhecê-lo permite por isso melhor compreensão do quadro global da organização e da actividade administrativas. Como tivemos oportunidade de mostrar na breve resenha histórica com que começámos este Relatório, o arquipélago de S. Tomé e Príncipe não constituíu também aqui excepção.

Foi decerto nesse âmbito e no da já referida centralização política *lato sensu*, que as escolhas político-ideológicas do MLSTP melhor se fizeram sentir. Vale a pena pormenorizá-lo. Assim, ainda no ano de 1975 vários foram os diplomas legais que vieram concretizar ideias socializantes de nacionalização, confisco e expropriação. Atente-se, por exemplo, ao Decreto-Lei n.º 9/75, de

Parte I – A Admin. Públ. em S. Tomé e Principe ...   63

27 de Agosto que considerou como sendo de utilidade pública e de interesse nacional o fundo instituído pelos trabalhadores de S. Tomé e Príncipe [73]. O exemplo é edificante. Em nome do interesse público, o estatuído saldava-se por uma apropriação, por parte do Estado, de um fundo privado cometido a fins altruístas, declarando-o de utilidade pública; e passando o Estado, por isso, a dispor de um efectivo controlo sobre o mesmo [74].

Não foi este o único caso, num contexto político-ideológico interno e externo favorável a esse tipo de prioridades e medidas.

---

[73] Julgamos do maior interesse a transcrição integral do preâmbulo desse diploma: "A tarefa da reconstrução do nosso país constitui uma das etapas da nossa luta para a conquista da dignidade humana. Esta etapa da nossa luta para a construção de uma sociedade feliz é sem dúvida a mais difícil, que exige maior sacrifício, maior espírito de responsabilidade e de solidariedade. O nosso futuro, o futuro do nosso país, depende do nosso sacrifício. Ninguém virá transformar a nossa terra, desenvolver os nossos recursos para dar lugar a novos empregos, para acabar com a fome, a miséria, a doença e o analfabetismo, senão nós mesmos. A exploração colonial de vários séculos deixou-nos completamente na miséria. Esta situação dificulta sobremaneira a tarefa de reconstrução nacional. O nosso Estado não dispõe de meios financeiros para enfrentar, de imediato, as dificuldades que essa obra de reconstrução impõe. Perante isto, e num gesto de solidariedade para com o nosso povo e o nosso governo, é que um grupo de trabalhadores, de diversos sectores do nosso país, unidos por um alto sentimento patriótico, decidiu instituir um fundo, de carácter permanente, financiado pelo valor correspondente a um dia dos seus salários, para participar nas obras de reconstrução nacional". Termina dizendo que "tendo em atenção a alta importância que essa iniciativa pode marcar na tarefa de reconstrução do nosso país, não pode o governo da República alhear-se do interesse relevante que reveste tal fundo". Repare-se que, a fim de justificar a declaração de utilidade pública de um fundo, o diploma legal por via do qual tal se processa, faz uso de um discurso altamente emotivo, falando em "fome", "miséria" e "doença"; incita todos os nacionais a contribuírem para uma missão de Estado que lhes impõe cumprir; faz incidir exclusivamente a responsabilidade da situação, à época vivida, na "exploração colonial de vários séculos" que havia deixado S. Tomé "completamente na miséria".

[74] Isto sem prejuízo do disposto no art. 6.º do referido diploma que consagrava a autonomia financeira do "fundo de reconstrução nacional" (assim a sua designação) desse e doutros modos constituído.

Seguindo a mesma linha de comportamento, o Decreto-Lei n.º 19/
/75, de 25 de Setembro, determinava que fosse declarada de utilidade
pública urgente e simultaneamente nacionalizada a empresa agrícola
"Roça Monte Forte" com o argumento de que a firma, sua proprie-
tária, representaria um marco da extinta PIDE/DGS [75]. Na época,
um argumento devastador a que seria impensável fazer frente ou
tentar contrariar.

Terminaremos esta secção, dedicada à administração financeira,
com uma referência ao Decreto-Lei n.º 24/75, de 31 de Outubro [76],
que determinava que fossem consideradas de utilidade pública e
nacionalizadas várias empresas agrícolas de S. Tomé e Príncipe.
Tomá-lo-emos como exemplo paradigmático, a que regressamos na
parte final deste Relatório. Não resistimos a transcrever nesta secção
algumas passagens deste notável diploma legal, já que elas demons-
tram, de maneira muita gráfica e com uma nitidez tal que para o
entrever não é necessária uma qualquer análise semiológica sistemática, não só o espírito mas também o ritmo socializante que
intentara alvejar as unidades de produção à data existentes, para
tentar fazer delas outras tantas peças dinamizadoras da economia
nacional pós-colonial nas ilhas.

A grelha preambular deste magnífico Decreto-Lei dava o tom,
decerto com o intuito de guiar interpretações. Em tom e estilo
característicos, dizia o preâmbulo do diploma que "durante séculos
o nosso povo viveu sob a dominação do regime colonial português
que nos últimos anos assumiu o carácter de uma ditadura fascista
que suprimiu os direitos mais elementares do homem". Acrescentava,
com veemência, que "ao longo da sua história o nosso povo foi

---

[75] O referido diploma principiava com as seguintes palavras: "A consolidação da independência do nosso país e o desenvolvimento da política geral
traçada pelo Movimento de Libertação de S. Tomé e Príncipe (MLSTP) e pelo
governo impõem o aniquilamento progressivo e total de todas as relações
coloniais-fascistas e imperialistas existentes em S. Tomé e Príncipe".

[76] Mas anunciado antes pelo Presidente santomense num comício realizado
em 30 de Setembro desse ano, data ainda hoje celebrada como "dia da Reforma
Agrária".

vítima de opressão e de exploração desenfreada, lançado à fome, à miséria e à ignorância"; que a "nossa cultura e as nossas tradições, a nossa própria personalidade de povo africano, todos os atributos que caracterizam a nossa identidade, foram pouco a pouco absorvidos, através da imposição de um sistema de valores que simbolizavam a opressão e que contribuíram para a nossa alienação total. Mergulhado no mais profundo obscurantismo, o nosso povo foi submetido ao novo estilo de vida e uma nova maneira, votado à condição de um ser submisso que devia aceitar sem discutir todas as relações injustas do regime opressor". Prosseguia dizendo, com vigor, que "os grandes latifúndios surgiram como consequência da apropriação e do saque das melhores terras onde foi imposta a monocultura do cacau que serviu de base ao estabelecimento de um regime económico que, por um lado, impossibilitou o desenvolvimento das nossas potencialidades e o controle das nossas riquezas nacionais e, por outro lado, tentou impedir a todo o custo a formação de uma consciência nacional". Concluía, resumindo que "a sociedade colonial formou-se e consolidou-se portanto à custa dos grandes sacrifícios do nosso povo".

Após as acusações dirigidas à potência colonizadora, a qual (pelo menos tal alegava o texto) havia causado a situação dramaticamente debilitada dos recursos santomenses, pretendia-se justificar os porquês de uma reforma agrária assim tida como urgente e absolutamente imprescindível. Mas, e também, os *tours de phrase* e as escolhas semiológicas operadas tinham como objectivo a função fática de permitir legitimar o partido no poder.

O que mais uma vez, e de acordo com as formas discursivas então tão *à la page*, era preambular e programaticamente enunciado segundo uma terminologia também muito característica. Afirmava--se, nomeadamente, que "o Movimento de Libertação de S. Tomé e Príncipe (MLSTP), defensor intransigente das legítimas aspirações do nosso povo, sua vanguarda revolucionária na luta pela destruição do colonialismo e de todos os seus vestígios, desde há muito tempo que contestou a legitimidade do sistema jurídico de propriedade da terra resultante da prática do regime colonial que concedeu mais de dois terços do solo cultivado a um punhado de exploradores que se constituíram em sociedades e companhias agrícolas, abrangendo uma superfície de 98 mil hectares". Segundo o diploma em causa, era precisamente "nesta medida que na fase actual a reforma agrária se [impunha] como factor determinante e decisivo na nossa luta pela reconstrução nacional".

Mas qual era, afinal, o conteúdo da tão imprescindível e urgente reforma agrária? Com a força performativa típica de qualquer legislação, responde novamente o Decreto-Lei n.º 24/75, de 31 de Outubro, fornecendo uma receita a traço grosso elaborada nos termos das formas canónicas tão próprias da linha política do partido então no poder: "[p]ara além da abolição deste privilégio que se torna incompatível com a necessidade do desenvolvimento da economia nacional, a reforma agrária visa a transformação radical das relações de produção até então existentes para dar lugar à criação de um homem novo numa sociedade nova baseada no progresso e na justiça social". Terminava o diploma, explicando que, tendo em vista o lamentável passado de exploração estrangeira e o futuro esperançoso de libertação colectiva, se tornou "portanto imperiosa a aplicação de uma política agrária susceptível de modificar as estruturas caducas e de incrementar a produção agrícola mediante o emprego de uma técnica moderna e de equipamento mais eficientes e adequados, de forma a permitir a melhoria das condições de vida das massas trabalhadoras".

O resultado de todas estas considerações, tomadas no seu conjunto (ou melhor, como iremos verificar, o resultado da vontade política que subjazia tanto a essas formulações jurídicas como às agendas do partido no poder), não se fez esperar. E redundou na declaração de utilidade pública de 23 empresas agrícolas bem como a sua nacionalização [77], sendo que esta era tomada em sentido lato

---

[77] Foram elas: Sociedade Agrícola Vale Flor, Limitada; Companhia Agrícola Ultramarina; Sociedade Agrícola Terras de Monte Café, S.A.R.L.; Companhia Ilha do Príncipe, S.A.R.L.; Sociedade Agrícola Porto Real e Bela Vista; Roça Porto Alegre; Companhia Agrícola das Neves; Colónia Açoreana, Limitada; Sociedade Agrícola Sundy; Companhia das Roças Plateau e Milagrosa, S.A.R.L.; Roça Praia das Conchas e Plancas; Boa Entrada, Limitada; Roça

e abrangia os meios de produção, os de transformação, os de condicionamento, os de aprovisionamento, e todos os demais bens pertencentes às empresas.

Tais medidas de reorganização de fundo da estrutura económica santomense tinham pressupostos implícitos difíceis de contornar. As consequências naturais que adviriam das várias medidas mencionadas seriam, evidentemente, a de um cometimento continuado, assumido por parte do Estado em, ele próprio, se encarregar da produção de bens ou serviços através de verdadeiras empresas públicas [78]. E o Estado pós-colonial de S. Tomé e Príncipe assumiu-as, fazendo-o com frontalidade e entusiasmo. Só muito mais tarde [79], no ano distante de 1988 e nos alvores da 2.ª República pluripartidária e defensora de uma economia de mercado para o arquipélago, se

---

Angra Toldo; Roça Ribeira Funda; Sociedade de Agricultura de S. Tomé e Príncipe; Santarém Cantanhede; Roça Vigoço; Roças Granja e Sociedade; Roça Vila Moura; Roça Diogo Nunes e Laranjeiras; Roça Ilhéu das Rolas; Roças Pedroma e Ribeira Palma; Roça Paciência. Para dar uma ideia da escala da operação, refira-se que a este conjunto correspondia a quase totalidade da superfície agrícola de S. Tomé e Príncipe.

[78] Nada disto é surpreendente. Não fora a primeira vez que tal acontecera, em conjunturas marcadas por opções políticas que exigiam alterações profundas. Como escreveu Diogo Freitas do Amaral, "também se têm criado empresas públicas por motivos ideológicos, em cumprimento de programas doutrinários de natureza socialista ou socializante, que consideram necessário, por razões políticas, alargar a intervenção do Estado a determinados sectores que, até aí, estavam nas mãos de particulares. Foi o que aconteceu em França e em Inglaterra a seguir à 2.ª guerra mundial, com a nacionalização da banca comercial, de determinadas indústrias no sector da energia e do aço, de certos sectores dos transportes, etc. Foi também o que aconteceu em Portugal, a seguir ao 11 de Março de 1975: nacionalizou-se por motivos ideológicos, considerando que, do ponto de vista da política económica e da política geral, isso seria vantajoso" (cfr. Diogo Freitas do Amaral, *Curso de Direito Administrativo*, Vol. 1, 2.ª edição, Almedina, 1994, p. 373).

[79] Apesar de ter começado, logo em 1986, em cumprimento de condições impostas pelo FMI e pelo Banco Mundial com vista à reabilitação de seis das empresas (a primeiras das quais a célebre roça de Água Izé) e de ter sido revivificado em 1993 com uma nova reforma agrária redistributiva.

viria a prever em S. Tomé e Príncipe um sistema de concessão de terras para fins de urbanização, agricultura, indústria, aproveitamento dos recursos minerais e hidráulicos, recreação, sistemas de infra-estruturas, etc.[80].

As reviravoltas políticas ocorridas no Mundo e na ordem internacional bipolar nos últimos anos da década de 80 do século passado não deixaram S. Tomé e Príncipe incólume. Bem pelo contrário, e mais uma vez em consonância com aquilo que se passou nas outras quatro ex-colónias portuguesas de África, as mudanças e alterações induzidas no arquipélago foram profundas. De um Estado delineado segundo um modelo democrático-centralista e de uma economia de planeamento central com ele estreitamente coordenada, característicos daquilo a que se tem vindo a chamar a 1.ª República, S. Tomé passou a um Estado a caminho de uma transição democrático--parlamentar, articulado e sustentado por uma economia de mercado. A 2.ª República entrou em vigor. As reformulações político-administrativas que essas alterações soletraram deram azo ao modelo de organização ainda hoje (meados de 2002) vigente.

Quanto à organização administrativa que vigora em S. Tomé e Príncipe pode ser descrita, em síntese, da seguinte maneira[81]: existem ao todo sete distritos. Desses sete, dois integravam a Ilha do Príncipe, tendo mais tarde, e em conjunto, dado origem a uma região com relativa autonomia. Dentro de cada distrito, as circunscrições existentes não ficam muito longe do que por nós foi já descrito. São elas as cidades e vilas; e, dentro destas, os bairros. Os bairros e aglomerados populacionais dispersos, fora das zonas urbanas, denominam-se, como também já foi referido, *lucháns*[82].

---

[80] Cfr. Decreto-Lei n.º 32/88, de 4 de Agosto.

[81] Estas informações, se bem que não baseadas em nenhum texto legal, foram-nos facultadas pelo Presidente da Assembleia Nacional de S. Tomé e Príncipe, Dr. Francisco Fortunato Pires, em entrevista que gentilmente nos concedeu.

[82] O então Ministro da Justiça propunha ainda a criação de uma estrutura intermédia que estabelecesse uma ponte de comunicação entre a Administração Central e os *lucháns*.

PARTE II

A ORGANIZAÇÃO JUDICIÁRIA DO ESTADO E OS MEIOS ALTERNATIVOS EM S. TOMÉ E PRÍNCIPE

Acabámos de tratar, ainda que o tenhamos feito de forma sucinta e apenas indicativa, as principais linhas de força daquilo do que tem sido a organização administrativa em S. Tomé e Príncipe. Fizemo-lo contra um pano de fundo histórico, tentando lançar alguma luz sobre a qualidade variável da articulação (ou em todo o caso as traves mestras dela) que formalmente liga os santomenses e a administração estadual. Trata-se agora de tentar levar a cabo uma ampliação de imagens, mais do que uma mudança de tema. Se entendermos o conceito de administração na sua acepção mais ampla, nele poderemos incluir também a administração da justiça [83]: porque afinal, "administrar a justiça ainda é administrar". É essa a razão de ordem "sistemática" que legitima o abordarmos em seguida a organização judiciária.

Na segunda parte do nosso Relatório, voltaremos assim a atenção para os mecanismos "judiciais" de encaminhamento e resolução de litígios em S. Tomé e Príncipe. Tendo em vista a dissociação que, tal como vimos, tem sido desde os primeiros tempos patente no arquipélago entre as instituições do Estado e as da "sociedade civil" santomense (uma dicotomia que fazemos tenção de ir problematizando ao longo do texto de todo este Relatório), fá-lo-emos no que se segue em dois passos complementares.

Numa primeira secção desta segunda parte, debruçamo-nos sobre a organização judiciária do Estado nas ilhas. Mais uma vez de maneira sucinta e pouco mais que indicativa (e atendo-nos, tão-só, à arquitectura normativa do sistema que subjaz a essa organização), alguma coisa teremos a dizer sobre ela; por uma questão

---

[83] Com efeito, falava-se, porventura até à reforma de Mouzinho da Silveira, em administrar a justiça, não havendo uma clara separação entre a actividade administrativa e a actividade jurisdicional.

de conveniência e utilidade comparativas, apresentaremos as estruturas formais a este nível existentes em S. Tomé e Príncipe de acordo com um modelo semelhante àquele que usámos no Relatório relativo a Cabo Verde.

Numa segunda secção, mais sociológica, muitíssimo mais indicativa e pouco mais do que sugestiva, propomo-nos fixar a atenção sobre alguns dos mecanismos extra-estaduais existentes em S. Tomé que de diversas maneiras funcionam como dispositivos de canalização, encaminhamento e eventual resolução de muitas das tensões, dos desacatos e dos conflitos que aí eclodem. Ou seja: prosseguimos focalizando a "sociedade" santomense e os seus dispositivos próprios e espontâneos.

Como poderia ser de esperar dada a sua comparativa informalidade e o seu carácter relativamente difuso, não é nem fácil nem imediata a identificação-circunscrição de mecanismos desse tipo [84]. Mais ainda: é por demais evidente que uma análise de pormenor da sua operação exige extensas recolhas e análises pormenorizadas de informações quanto a práticas e representações socioculturais que se mostraram naturalmente impossíveis de concluir numa curta visita de estudo como a que teve lugar em Dezembro de 2000. Em todo o caso, fizemos questão de aqui pôr em evidência alguns destes mecanismos, quanto mais não seja porque é nos termos deles que se "processa" a larguíssima maioria dos litígios que ocorrem no arquipélago; por razões que iremos tentar abordar, raros são os casos em que os santomenses efectivamente recorrem à organização judiciária do Estado para resolver os seus diferendos.

Não se estranhe pois que, num caso, a nossa atenção se centre numa organização formal e adjectiva, de acordo com um modelo

---

[84] Tal como aliás fizemos quando da redacção do Relatório sobre Cabo Verde, não podemos deixar de fazer referência, neste contexto, ao artigo de B. Tamanaha (1993), em que o autor (um antropólogo jurídico norte-americano) insiste na necessidade de o Direito de origem estadual e o Direito de outras origens serem objecto de um tratamento analítico distinto pelos cientistas sociais, dadas as diferenças fundamentais existentes entre eles.

normativo implementado; e, noutro, num preenchimento de funções substantivas levado a cabo de maneira mais informal e, se não avulsa, pelo menos muito mais difusa.

Acautelamos novamente os leitores para o facto de que o objectivo desta segunda secção da segunda parte deste Relatório (sobretudo no que diz respeito ao seu segundo passo, o mais sociológico) é por conseguinte tão-só o de ensaiar um desbravamento do terreno e assim conseguir um primeiro delinear de tópicos passíveis de futura investigação intensiva e participante: porventura a única forma de captar representações e práticas sociais como aquelas que iremos esboçar. Assim sendo, começaremos nessa secção pelas chamadas *dispute institutions* santomenses, ou pelo menos por um primeiro levantamento de alguns dos domínios sociais em que funções de *conflict resolution* [85] são preenchidas: abordaremos algumas formas místicas de tratamento e canalização (*processing*) de tensões e litígios e tentaremos pôr em relevo aquelas que consideramos algumas das suas principais traves mestras e linhas de força.

2. A ORGANIZAÇÃO JUDICIÁRIA DO ESTADO EM S. TOMÉ E PRÍNCIPE

Em S. Tomé e Príncipe, desde o início da 2.ª República e do multipartidarismo democrático-parlamentar, os tribunais são tidos como sendo órgãos de soberania, com competência para administrar a justiça em nome do povo e com jurisdição em todo o território nacional. Hoje em dia, o diploma legal que regula a organização e funcionamento dos tribunais é a Lei Base do Sistema Judiciário (Lei n.º 8/91, de 9 de Dezembro).

---

[85] Para discussões pormenorizadas destes dois conceitos centrais da Antropologia Jurídica, convém a leitura da colectânea dirigida e prefaciada por A. M. Hespanha (1993) e do artigo de F. Snyder (1983), ambos referenciados na bibliografia final.

Não iremos, por razões metodológicas e de economia de exposição, debruçar-nos em pormenor sobre a evolução-transformação do sistema judiciário ao longo dos tempos. Alguma contextualização histórica mais concreta e precisa deste sistema em particular é porém de óbvia utilidade analítica. Como facilmente se pode calcular, depois da independência a organização judicial foi sofrendo em S. Tomé e Príncipe alterações substanciais que podemos reconduzir a duas pressões principais: por um lado, a passagem de um território colonial, parte integrante do Estado português, a um Estado pós-colonial independente, dotado de soberania político-constitucional; e, por outro lado, as sucessivas – e, por vezes, precipitadas – rupturas e inovações que ocorreram no período que se seguiu à independência (e que tendem muitas vezes a acompanhar, aliás, quaisquer processos revolucionários), nuns casos mais e noutros menos consequentes.

Tendo em mente o que foi dito na introdução histórica genérica com que abrimos este Relatório, uma primeira visão de conjunto das macro-transformações a este nível ocorridas não é difícil de esboçar. Enquanto perdurava o domínio português, os tribunais santomenses faziam parte da estrutura organizativa maior do "Império", ou da "administração periférica do Estado português", surgindo como parcela de um dos distritos judiciais a par de muitos outros que se estendiam pelas várias Províncias Ultramarinas [86]. Com a independência política, o novo país quis naturalmente dotar-se de uma organização judiciária própria que reflectisse a sua nova condição de Estado soberano dispondo de órgãos próprios. Naturalmente avultando, entre eles, os tribunais.

No entanto, os tribunais não foram nessa primeira fase, a da 1.ª República, concebidos como órgãos independentes. Encontravam-se, pelo contrário, subordinados à então recém-criada Assembleia

---

[86] Havia seis distritos judiciais (do Minho a Timor), a saber: uma Relação cada, no Porto e em Coimbra, uma outra em Luanda, que compreendia Angola e S. Tomé, outra em Lourenço Marques (Moçambique), uma mais em Goa, que compreendia Goa, Damão e Diu, Macau e Timor, e uma última em Lisboa, que incluía também as Ilhas Adjacentes, a Guiné e Cabo Verde.

Popular Nacional independente, que exercia o poder legislativo[87]. Do ponto de vista idealizado da Boa Governação, estava-se por conseguinte perante uma aparente violação do princípio da separação de poderes que é por via de regra tido como pressuposto fundamental de um Estado de Direito democrático: um formato que, sobretudo a partir de finais dos anos 80 e com a dissolução da União Soviética, se iria tornar (bem ou mal...) na norma internacional indiscutível. Com a 2.ª República e o advento de um Estado democrático-parlamentar, naturalmente, a situação muito depressa se alterou nessa frente. Pelo menos formalmente, e pela primeira vez na história do arquipélago, os tribunais emanciparam-se do poder político e foram erigidos em órgãos soberanos. Perspectivar essa mudança com algum pormenor não é inútil, dado o seu alcance e implicações.

Dissemos, no início deste Relatório, que não iríamos debruçar-nos em demasia sobre considerações de ordem histórica, pese embora o facto (que reconhecemos) de que comparações deste tipo seriam sempre úteis e vantajosas. Não deixaremos, no entanto, de referir alguns dos traços principais que caracterizaram a organização judiciária santomense logo após a independência em 1975, com base na Lei n.º 1/79, de 11 de Julho. Muito na organização contemporânea é obviamente tributário (ainda que por antinomia) daquilo que foi a desse primeiro intervalo pós-colonial. Lancemos então um breve olhar menos panorâmico sobre quais as mudanças que em S. Tomé e Príncipe foram levadas a cabo em matéria de organização judiciária, após a sua independência.

2.1. INTRODUÇÃO À ORGANIZAÇÃO JUDICIAL NA 1.ª REPÚBLICA PÓS-COLONIAL

Numa primeira fase, e logo após a descolonização, os tribunais em S. Tomé e Príncipe estavam, consoante foi dito, organizados hierarquicamente; e subordinados à recém-criada Assembleia Popular

---

[87] Até 1990, os tribunais estavam integrados no Ministério da Justiça.

Nacional. No cumprimento das suas atribuições, actuavam em estreita ligação com as estruturas políticas, sociais e demais entidades do Estado. A divisão do território da República Democrática de S. Tomé devia (tanto quanto possível e, nos termos da legislação então produzida, tendo em conta as necessidades e exigências da função judicial), coincidir com a divisão administrativa do país, implicando qualquer alteração desta correspondente alteração na divisão judicial.

O modelo era simples e enxuto. Nessa fase inicial, a função judicial era, na nova República, exercida pelos seguintes tribunais: Tribunal Supremo, Tribunal de 2.ª instância que se encontrava dividido em duas secções (uma criminal e cível, outra administrativa), Tribunal de 1.ª instância, Tribunais Regionais de 1.ª e 2.ª classes e Tribunais especiais.

No que toca à nomeação dos juízes, no entanto, o processo previsto pela lei era mais complexo. Enquanto que os juízes conselheiros do Tribunal Supremo eram eleitos pela Assembleia Popular Nacional, sob proposta do partido único, o Movimento de Libertação de S. Tomé e Príncipe (MLSTP), no que dizia respeito à designação dos magistrados judiciais já não era assim. O controlo político-partidário era nestes casos mais directo. Havia um juiz do Tribunal de 1.ª instância que funcionava na capital do país, nomeado pelo Conselho de Ministros sob proposta do Ministro da Justiça e com a anuência do Bureau Político do Conselho Coordenador do MLSTP: Os restantes onze juízes eram eleitos (no sentido de seleccionados).

Como se pode verificar, fazia-se nessa primeira fase pós-colonial alguma distinção entre modos alternativos de designação dos juízes. Mas as duas modalidades não se distinguiam pela presença ou pela ausência de critérios políticos no método seguido na sua selecção. Por vezes, estes eram nomeados ou pela Assembleia Popular Nacional ou pelo Conselho de Ministros, havendo, em qualquer dos casos, um forte *indirizzo politico*, ameaçador da independência da magistratura [88]. A distinção entre juízes eleitos e juízes

---

[88] Com efeito, deparamos logo aqui com uma situação algo perturbante. Uma vez que era ao Tribunal Supremo, na sua Secção Administrativa, que

Parte II – A Org. Juríd. do Est. e os Meios Alternativos ... 77

nomeados encontrava consagração expressa na referida Lei n.º 1/ /79; e o controlo político via-se aí reforçado, ainda que com alguma subtileza sociológica. Senão, atentemos nos requisitos que essa mesma lei impunha diferenciadamente, por um lado, em relação aos juízes nomeáveis; e, por outro, com respeito aos juízes elegíveis. Para que se fosse nomeado juiz, para além de habilitações literárias adequadas e de se ser nacional santomense, era obrigatório (neste período monopartidário da chamada 1.ª República, logo após a independência e até aos anos 90) que se tivesse uma "activa participação revolucionária [...] boas condições morais e se [gozasse] de bom conceito público". Mais espantosa ainda era a supressão dos dois primeiros requisitos em favor destes dois últimos quando se tratasse de "cidadãos santomenses de reconhecida idoneidade" [89]. A intencionalidade parece-nos (como pareceu, aliás, à oposição democrática santomense que desde sempre se lhe opôs), como óbvia e transparente [90].

---

competia julgar em 1.ª instância os recursos interpostos contra actos do Governo (com fundamento em incompetência, usurpação ou desvio de poder, vício de forma ou violação de lei, regulamento ou contrato administrativo, dos actos, deliberações, decisões ou despachos definitivos ou executórios dos ministros); e visto que, conforme vimos, em S. Tomé era o Governo que designava os respectivos juízes (mais propriamente e de acordo com o art. 20.º da referida lei, o Ministro da Justiça), criava-se muitas vezes na prática uma relação de co-responsabilidade política entre magistrados e Governo; sendo que isso colidia claramente com o facto de que este último poderia ter de vir a responder, em juízo, pela ilegalidade dos seus actos, ouvindo então a sentença da boca dos juízes que ele próprio havia designado.

[89] Cfr. art. 38.º, alíneas c) e d) e parágrafo único.

[90] O que dizer de tudo isto? Entendemos que no que diz respeito a este ponto, importa fazer uma cuidadosa leitura jurídica do texto legal, seguida de uma interpretação sócio-política que tenha em conta as circunstâncias particularmente agitadas e tumultuosas que levaram à sua feitura. De um ponto de vista estritamente jurídico (e dispensando uma análise quanto aos dois primeiros aspectos que anteriormente referimos), cremos que nada em bom rigor justificava uma exigência que na realidade satisfazia, pura e simplesmente, os desejos da classe política dirigente em detrimento das reais capacidades que alguém pudesse reunir para poder exercer a magistratura. É óbvio que uma "activa participação

78 — Litígios e Legitimação

Para muitos santomenses cedo se tornou claro que a situação [91] tinha que mudar. E, nos finais dos anos 80, as conjun-

---

revolucionária" por parte dos magistrados nomeados pelo governo não garantia, de per si, que eles viessem a assegurar o bom funcionamento das instituições e dos órgãos do Estado (aliás, nem era essa a sua missão); nem que prosseguissem com mais rigor e isenção os fins próprios da actividade judicial. Por outro lado, a não participação revolucionária nada diz sobre a aptidão intrínseca de uma pessoa para realizar em toda a sua plenitude os fins que lhe estariam cometidos enquanto juiz. Numa palavra: "uma activa participação revolucionária" não implicava necessariamente de maneira nenhuma (como não implicaria agora) uma melhor justiça. Como é fácil de compreender, estava-se em S. Tomé perante uma medida que visava, unicamente, promover uma aproximação, de cunho político, entre algumas das forças que com fervor procediam à reestruturação do Estado e da sociedade. Faziam-no com base em critérios que assentavam na confiança pessoal dos seus promotores. Era preciso garantir que também os tribunais se guiavam, desde então, pelo novo espírito conquistado com a independência. Mesmo que para isso fosse preciso sacrificar uma outra independência, a da Justiça. Ao fazê-lo estar-se-ia, porém, a esquecer que, em períodos como esses, pode acontecer (e na prática não raramente acontece), que muitas das orientações seguidas e dos rumos traçados não decorram de uma visão clarividente traduzida num projecto para o futuro e delineado nos termos estritos e estreitos de uma reformulação objectiva dos vários sectores sobre que incide (e. g., organização dos poderes do Estado, sistema de governo, modelos de descentralização, sistema económico, etc.). Também sucede que muitas das forças que detêm, de um momento para o outro, o poder, estejam em profundo desacordo entre si, obedeçam a orientações partidárias diferentes, e/ou idealizem um país em moldes assumidamente subjectivos e, por essa ou por uma qualquer outra razão, entre si inconciliáveis. Mas não nos cabe a nós encontrar justificações onde elas não existam. Com efeito, dentro do espírito que se vivia na altura, podemos perfeitamente compreender a opção tomada. Os magistrados que até então exerciam as suas funções eram, todos eles, portugueses de origem. Ora, uma vez garantida a independência, era naturalmente impossível que isso continuasse a verificar-se. Depois de tantos anos em que se não dispusera de soberania, ela tinha que ser experimentada e exercida em abundância. Também na Justiça, S. Tomé passara a ser um Estado soberano. Não nos podemos esquecer que é esse um dos fins a prosseguir por qualquer Estado. E com isto voltamos àquele preceito a que aludimos há pouco, em cujos termos os diplomas santomenses dispunham, como requisito para se ser nomeado juiz, o ter uma turas internacionais favoreciam alterações que rapidamente se impuseram.

"activa participação revolucionária [...] boas condições morais e gozar de bom conceito público". Trata-se, em nosso entender, de conceitos indeterminados que em conjugação com um outro conceito indeterminado que vivifica esse mesmo artigo que, conforme já dissemos, se referia a "cidadãos santomenses de reconhecida idoneidade", deixava na prática, nas mãos do órgão que nomeia, fosse este o Governo ou a Assembleia, uma discricionaridade completa justificando escolhas a bel-talante. O que em S. Tomé foi, em muitos sentidos, levado ao extremo (nomeadamente no que diz respeito ao chamado Tribunal Especial para Actos Contra-Revolucionários santomense; seria curiosa, nesse contexto, uma comparação com, por exemplo, os célebres Tribunais de Zona criados durante a 1.ª República em Cabo Verde, ou com os tribunais populares revolucionários angolanos da mesma época). Notem-se, ademais, as omissões nos diplomas santomenses: quem preenchesse esses requisitos não precisava nem de ser cidadão santomense; nem se lhe exigia estar devidamente habilitado com o curso de Direito.

[91] Só podemos entender esta "permeabilidade normativa", chamemos-lhe assim, se nos lembrarmos de que, de facto, muito poucos eram os cidadãos santomenses devidamente habilitados para o exercício de funções judiciais. Nas circunstâncias objectivamente existentes, de duas uma: ou se importavam juízes de fora, ou se prescindia de que os nacionais santomenses particularmente vocacionados para dirimir conflitos tivessem de ter concluído um curso de Direito. Se a primeira opção parece aceitável (na realidade, esta foi uma das soluções encontradas através da vinda de magistrados de Cabo Verde) e, se bem que não mais do que durante um período de transição, vantajosa (ao por exemplo pretender não deixar casos por resolver, e ao porventura facilitar uma aprendizagem por parte dos potenciais magistrados nacionais), já a segunda deixa muito a desejar. De qualquer das formas, aquilo a que tal situação conduziu (no que diz respeito ao que aqui nos interessa) foi a uma preterição sistemática na formação dos juízes, que se arrastou durante anos, levando à sua pouca preparação para resolver os litígios mais complexos e que requerem alguma especialização na matéria. Em S. Tomé e Príncipe não há Tribunais Administrativos, não há um Tribunal de Contas e mesmo nos tribunais judiciais não há uma separação entre secções cíveis e secções criminais. Como já foi referido, é o Supremo Tribunal de Justiça quem aprecia questões em matéria de contencioso administrativo e é também este Tribunal que funciona como Tribunal de Contas. Note-se, aliás, que ainda hoje em dia essa situação se verifica.

2.2. O SISTEMA VIGENTE DESDE A INSTAURAÇÃO DA 2.ª REPÚBLICA

Ainda hoje (2002), sem prejuízo de haver que reconhecer importantes melhorias no sistema e na organização existentes no arquipélago (pelo menos a nível das suas arquitecturas normativas formais), não se pode deixar de considerá-las como incipientes. Senão atentemos ao disposto no artigo 6.º na Lei de Base do Sistema Judiciário, que tem como epígrafe "competência material" das jurisdições. Poderíamos considerar o n.º 1 desse artigo como sendo disposição que atribui à jurisdição comum carácter residual ou subsidiário.

Diz-se aí, que "as causas que não sejam atribuídas a outra ordem jurisdicional são da competência do tribunal de Jurisdição Comum". Já o n.º 2 desse mesmo artigo 6.º vem prever a criação, em função da matéria, de entre os tribunais de jurisdição comum, de tribunais de competência especializada, mistos ou arbitrais. Se sujeitarmos as razões nobres da previsão desta norma à verdade irrefutável dos factos, logo concluímos que as boas intenções do legislador foram, pelo menos em grande parte, goradas [92].

---

[92] Na realidade, poderá ser argumentado que não é fácil de compreender, em S. Tomé e Príncipe, uma separação entre jurisdição comum e jurisdições especiais. Com efeito, a própria jurisdição administrativa não tem autonomia (não há um foro próprio para o contencioso administrativo), sendo os litígios que surgem entre os particulares e a Administração trazidos perante o Supremo Tribunal de Justiça que está no topo da pirâmide, é certo, mas em relação aos tribunais de jurisdição comum. Por outro lado, como querer a especialização dos tribunais em função da matéria, se nem sequer a referida separação entre jurisdição comum e jurisdição administrativa se verifica, podendo um mesmo juiz conselheiro do Supremo ter de apreciar um recurso de uma acção de divórcio ao mesmo tempo que decide sobre a legalidade de um despacho em que o particular tenha invocado incompetência por não ter havido delegação? No que diz respeito a eventuais tribunais arbitrais, desconhecemos a sua existência no arquipélago, salvo a referência que nos foi feita, no decurso da conversa que com ele tivemos, pelo Embaixador de Portugal em relação a um caso em que terá havido o recurso a esse tipo de solução num litígio de natureza comercial ocorrido entre empresas estrangeiras.

Parte II – A Org. Juríd. do Est. e os Meios Alternativos ... 81

De modo a que seja mais fácil apercebermo-nos das características e particularidades do sistema judiciário santomense (e não só da sua melhor adequação à realidade social sobre que incide, mas também das suas insuficiências e fragilidades), começaremos por desenhar o modelo estruturante dos tribunais.

Quais então as classes de tribunais existentes em S. Tomé e Príncipe? Em primeiro lugar, devemos distinguir no arquipélago o Tribunal de 1.ª instância do Supremo Tribunal de Justiça [93]. O Tribunal de 1.ª instância pode funcionar singularmente com um juiz ou em colectivo de três juízes; enquanto que o Supremo funciona em termos singulares, ou em pleno de três juízes.

Dada esta distinção categorial de base, poderíamos decerto facilmente ser levados a pensar que estamos em S. Tomé e Príncipe perante um sistema simples, com um duplo grau de jurisdição. Tal não é porém efectivamente o caso. O Supremo funciona como Tribunal de recurso das acções apreciadas no Tribunal de 1.ª instância. E há aqui uma importante distinção a fazer: das decisões proferidas em acções que sigam a forma sumária e em processos correccionais, recorre-se para o Supremo Tribunal de Justiça, sendo o processo distribuído a um juiz conselheiro e cabendo um segundo recurso para o pleno; das decisões proferidas em acções que sigam a forma ordinária, e em processos de querela, recorre-se directamente para o pleno do Supremo Tribunal de Justiça.

Em termos da arquitectura normativa da organização judiciária, estamos assim em S. Tomé e Príncipe, em boa verdade, perante um sistema em que, na prática, existem *três* graus de jurisdição [94][95].

---

[93] Não deixa de ser curioso e, ao que nos foi dito, tido como algo incómodo, o facto de o tribunal de 1.ª instância da capital e o Supremo Tribunal de Justiça partilharem as mesmas instalações.

[94] Pese embora, em alguns casos, como acontece no recurso contencioso de anulação de actos administrativos praticados pelos ministros, o Supremo Tribunal de Justiça funcionar como tribunal de instância.

[95] Algo diferentemente do que se passa em Cabo Verde, onde também estão assegurados três graus de jurisdição mas em moldes diferentes. Aí, é o

2.3.1. *O SUPREMO TRIBUNAL DE JUSTIÇA*

Já tivemos oportunidade de descrever qual a composição do Supremo Tribunal de Justiça de S. Tomé e Príncipe. O Supremo é formado por três juízes conselheiros, sendo um deles o seu Presidente. Vimos também que este tribunal tanto pode funcionar singularmente, sendo nesses casos as causas distribuídas entre qualquer dos juízes conselheiros, ou como tribunal pleno. Ao juiz singular compete: a) reapreciar as questões julgadas no tribunal de 1.ª instância de que haja sido interposto recurso [96]; b) exercer as funções de inspector; c) emitir parecer sobre a constitucionalidade das leis em pedido dirigido à Assembleia Nacional [97]. Note-se que as competências enunciadas nas alíneas a) e b) estão atribuídas apenas aos juízes conselheiros que não exerçam a presidência.

Quais são então as competências do pleno? Ao Supremo Tribunal de Justiça santomense, quando reunido em pleno, cabe: a) confirmar o parecer emitido pelo juiz conselheiro sobre a constitucionalidade das leis; b) reapreciar as questões julgadas no tribunal de 1.ª instância de que haja sido interposto recurso; c) conhecer dos pedidos de *habeas corpus* em virtude de prisão ilegal; d) tirar assentos para uniformização de jurisprudência, no caso de decisões contraditórias que hajam sido tomadas por esse tribunal [98].

---

próprio tribunal de 1.ª instância que pode funcionar, num segundo momento, como tribunal de revista. Cfr. Armando Marques Guedes, João Dono, Maria José Lopes, Patrícia Monteiro, Yara Miranda (2001), "Litígios e Pluralismo em Cabo Verde...", *Themis* 3: 8 e 17, último parágrafo e nota 24, também publicado em *Direito e Cidadania*, 14 (2002), Cabo Verde.

[96] Sem prejuízo da distinção *supra*.

[97] Uma vez que, em S. Tomé, é este último o órgão competente, como iremos verificar, para fiscalizar as normas que dele provenham.

[98] Não tivemos oportunidade de verificar o alcance prático desta norma. Temos as maiores dúvidas de quem num país como S. Tomé seja deixada aos juízes liberdade para criação jurisprudencial com a força normativa que tem um assento. As mesmas reticências pusemos em relação a Cabo Verde. Cfr. Armando Marques Guedes *et al*, *op. cit.*, p. 13, nota 10.

Não obstante uma ou outra particularidade que possamos encontrar na organização deste Supremo Tribunal, e tomando em consideração as especificidades quantitativas e qualitativas da realidade santomense, ela não difere *grosso modo* do esquema típico a que estamos habituados. E isso, porque até agora não tínhamos considerado as competências do Supremo Tribunal de Justiça para lá da matéria judicial.

Acontece porém que, por razões de vária ordem [99], é ao Supremo que compete apreciar questões em matéria administrativa. É o juiz singular que julga os recursos contenciosos interpostos das decisões dos órgãos dos serviços personalizados do Estado e dos órgãos da administração local [100]. É, porém, já ao tribunal pleno que compete julgar os recursos das decisões proferidas pelos ministros. E, tal como foi notado, o Supremo santomense funciona ainda (*in the books*) como Tribunal de Contas, fiscalizando preventivamente as finanças públicas.

Como é razoável supor, em S. Tomé e Príncipe não proliferam em abundância os recursos contenciosos de anulação de actos administrativos interpostos pelos cidadãos santomenses; a sociedade civil (uma entidade sociológica a que iremos regressar em pormenor) não tem para isso suficiente *esprit de corps*. Ainda no que diz respeito ao contencioso administrativo, não está também, ao que parece, ainda suficientemente enraizada na sociedade santomense [101]

---

[99] Não queremos com isto dizer que tal solução seja desejável ou sequer adequada. Sem dúvida que ela comporta bastantes inconvenientes que decorrem naturalmente da falta de um tribunal administrativo próprio: falta de especialização dos juízes, agravada morosidade processual.

[100] Que, como mais tarde veremos, é praticamente inoperante.

[101] Curioso é verificar que o mesmo não é porém verdade no que diz respeito a acções judiciais que chegam efectivamente a ser trazidas a tribunal em matéria familiar (como, por exemplo, em casos de divórcio), em matéria de direitos de propriedade ou em matéria de direitos de personalidade (pense-se, por exemplo, em casos de difamação). Procuraremos, mais à frente, e ainda que meramente a título de hipótese de trabalho e sem grande preocupação de rigor, encontrar algumas das razões que sustentam esta situação. Fá-lo-emos quando tratarmos dos mecanismos alternativos de resolução de litígios.

uma consciência de garantia dos direitos dos administrados que possam ser feitos valer em juízo (e muito menos por via da utilização de outros meios processuais).

Nada disto é surpreendente. À mesma conclusão havíamos chegado quando analisámos as funções do Supremo Tribunal de Justiça caboverdiano [102]. Também então colhemos opiniões locais no sentido da desnecessidade de criar um Tribunal Administrativo autónomo, por não se vislumbrar em Cabo Verde (foi-nos repetidamente dito) uma verdadeira cultura cívica de contestação e impugnação das decisões da Administração Pública [103].

Há, no nosso entender, e já que nos referimos ao exemplo caboverdiano, um aspecto importante a sublinhar. É que, enquanto neste último, nos termos da Constituição desse Estado, é o Supremo Tribunal de Justiça que fiscaliza a constitucionalidade e a legalidade das normas jurídicas, funcionando por isso como verdadeiro Tribunal Constitucional, já em S. Tomé e Príncipe quem é competente para apreciar da constitucionalidade das leis é a Assembleia Nacional, ou seja, precisamente quem as faz [104].

2.3.2. OS TRIBUNAIS DE 1.ª INSTÂNCIA

Procedamos agora, em algum pormenor, à análise da organização e competência do Tribunal de 1.ª instância. Quando nos referimos a este órgão, fizemo-lo no singular; o que poderia, não sem equívoco, levar-nos a pensar que só existe *um* tribunal de 1.ª

---

[102] Com efeito, em qualquer dos países encontramos uma acumulação de funções no Supremo, sendo que em Cabo Verde isso é mais evidente pois aí também compete a esse tribunal pronunciar-se sobre questões eleitorais e político partidárias.

[103] Cfr. Armando Marques Guedes *et al.*, *op. cit.*, p. 14.

[104] Cfr., detalhadamente, quanto a este aspecto, *infra*, as considerações que formulamos na subsecção que apresentamos relativa aos litígios constitucionais em S. Tomé e Príncipe.

instância em S. Tomé. Ora isso não é verdade. Na realidade, existem ao todo *três* tribunais de 1.ª instância: um situado em S. Tomé (a cidade capital), outro situado na cidade das Neves [105] e um terceiro situado na do Príncipe [106].

Esta circunscrição territorial afigura-se-nos importante, na medida em que os tribunais de 1.ª instância são competentes na respectiva área de jurisdição. Mas se é esta a competência dos tribunais de 1.ª instância em razão do território, quais os seus limites em função do valor da causa? Ora bem, os tribunais de 1.ª instância são competentes para julgar causas cujo valor não exceda a sua alçada, que é de cem mil dobras [107].

Isto em matéria cível, uma vez que em matéria crime não há alçada. Estes tribunais têm vindo a funcionar com nove juízes, o que é manifestamente pouco e implica que alguns dos juízes se tenham constantemente de deslocar de circunscrição em circunscrição, para que as audiências possam realizar-se [108].

2.4. O CONSELHO SUPERIOR JUDICIÁRIO

O órgão de autogoverno da Magistratura de S. Tomé é o Conselho Superior Judiciário. O Conselho é composto pelo presi-

---

[105] Não sendo um lugar densamente habitado, verificou-se uma degradação nos acessos à cidade das Neves pelo que se entendeu por bem instalar lá um tribunal de 1.ª instância. Os 27 km de distância que a separam da capital, entretanto contrariados por uma substancial melhoria no acesso, põem em causa a necessidade da subsistência de um tribunal. Diga-se, por outro lado, que este tem vindo a funcionar apenas com um delegado do Ministério Público, com um escrivão e com um oficial de diligência.

[106] Embora previsto na Lei de Base, este tribunal nunca chegou a ser instalado.

[107] O equivalente a cerca de 15 Euros.

[108] Obtivemos estas informações junto do Ministro da Justiça. No entanto, elas já nos tinham sido dadas a conhecer por um ex-Ministro da Justiça, Dr. Olegário Tiny.

dente do Supremo Tribunal de Justiça que é também o seu presidente, pelo Procurador-Geral da República, por um juiz de primeira instância, por um delegado do procurador da República, por um elemento designado pelo Presidente da República, por dois elementos eleitos pela Assembleia Nacional, por um representante dos funcionários da justiça, por um representante dos advogados, por um representante dos solicitadores [109]. O mandato dos seus membros tem a duração de quatro anos.

O Conselho Superior Judiciário é o órgão de gestão da magistratura. Tem competência para nomear os juízes da 1.ª instância e os delegados do procurador da República. É ele quem aprecia o mérito profissional e quem exerce a acção disciplinar sobre os magistrados e sobre os funcionários. Compete-lhe também superintender nos serviços de inspecção. Das decisões do Conselho Superior Judiciário cabe recurso para o pleno do Supremo Tribunal de Justiça.

Cabe aqui um breve comentário político-sociológico. A "inocência política" (chamemos-lhe assim) deste Conselho é, por várias razões, posta em dúvida por muitos dos santomenses com quem, no arquipélago e fora dele, trocámos impressões. E estas críticas estão longe de ser inconsequentes, como iremos verificar. Atendendo à composição do Conselho Superior Judiciário, verificamos que este é composto em metade por magistrados, sejam eles judiciais ou do Ministério Público. Os restantes membros são designados por outros órgãos de soberania ("de preferência", de entre juristas) [110].

---

[109] Atente-se que nem os advogados nem os solicitadores dispõem ainda, em S. Tomé, de órgãos representativos próprios.

[110] Para que é que isto nos chama a atenção? Em primeiro lugar, devemos ter presente o facto de o Conselho Superior Judiciário ser um órgão de gestão. Pese embora a sua actividade incida predominantemente sobre os magistrados, no que toca à sua promoção ou em matéria disciplinar, nem sempre isso significa, por si, que sejam estes os mais capazes, os mais idóneos, ou de alguma maneira os melhor posicionados para vir a desempenhar as tarefas que lhes são cometidas. O que, muitas vezes, não pode deixar de causar problemas. Obviamente que não seria desejável que, num órgão com estas características, os magistrados

Como também já tínhamos visto, quem preside ao Conselho Superior Judiciário é, por inerência, o presidente do Supremo Tribunal de Justiça, sendo o Procurador-Geral da República, pelo mesmo princípio, o seu vice-presidente. Relativamente aos actuais titulares

---

não estivessem representados. Não é disso que se trata. Queremos, isso sim, dizer que algumas das tarefas que os membros que compõem o Conselho Superior Judiciário têm que desempenhar não se adequam, por vezes, à sua formação. Pense-se, por exemplo, na elaboração de relatórios, uma vez finda uma inspecção (a tal não será alheio o facto de o inspector judicial acumular as suas funções com as de juiz conselheiro, o que não pode deixar de ser considerado como um inconveniente) ou em decisões que incontornavelmente têm muitas vezes de ser tomadas relativamente à aquisição ou alienação de material ou a outras operações de carácter técnico. Em questões como estas (em que a componente financeira é assaz expressiva), seria útil e, porventura mais adequado, que os seus executantes ou até mesmo coordenadores, em lugar de terem formação jurídica, tivessem uma formação em áreas ligadas à gestão, uma área tecnicamente bastante especializada. Mas não é isto que acontece. Diz a lei santomense, como vimos, que, para além dos magistrados que têm assento no órgão, devem os restantes membros que o compõem ser preferencialmente designados de entre juristas. Com efeito, muitas das pessoas com quem tivemos oportunidade de discutir o assunto queixaram-se da incompetência técnica dos magistrados e da deficiência da sua formação. Ficámos também a saber que, em 1992, os magistrados santomenses se recusaram a participar em acções de formação da iniciativa de magistrados portugueses, sendo que as mesmas teriam lugar em S. Tomé. Em segundo lugar, e não menos importante, surge-nos uma evidência reconhecida de forma praticamente unânime entre a classe dirigente em S. Tomé e Príncipe: muitos dos magistrados, queixam-se os santomenses, têm fortes *parti pris* políticos, mantendo-se por via de regra fiéis às ordens e instruções dos respectivos partidos em que se filiam. O que, naturalmente, tem muitas vezes graves consequências. Não só impede que decisões importantes sejam tomadas (por falta de consensos ou por não haver para eles uma maioria significativa), como também é facto que pode, por si próprio, gerar conflitos, inimizades, perturbações no funcionamento normal do órgão, e que inevitavelmente se repercutem, pela importância que o mesmo assume, em toda a estrutura judiciária. Isto, para não dizer o óbvio, que é uma inadmissível usurpação por parte do clientelismo partidário do poder jurisdicional do Estado. Um ponto a que iremos regressar.

desses órgãos [111], tem-se verificado em S. Tomé alguma crispação, e têm surgido conflitos que levam à paralisia do sistema. Nada disto é desejável. E o resultado é um Conselho Superior Judiciário que há mais de dois anos (finais de 2000) pura e simplesmente não reúne.

2.5. O MINISTÉRIO PÚBLICO

O Ministério Público, por outro lado, é o órgão do Estado encarregado de, nos tribunais, representar o Estado de S. Tomé e Príncipe, de defender a legalidade democrática e de promover os interesses postos por lei a seu cargo.

Como geralmente também acontece nos sistemas que nos estão mais próximos, o Ministério Público goza de autonomia em relação aos demais órgãos do poder central e autárquico. A sua magistratura encontra-se hierarquicamente organizada e a sua responsabilidade traduz-se em os magistrados terem de responder civil, criminal e disciplinarmente pelo cumprimento dos deveres e pela observância das directivas, ordens e instruções que receberem dos magistrados de grau superior a que estão sujeitos. Conforme estabelece a sua Lei Orgânica (Lei n.º 8/91, de 9 de Dezembro), essa autonomia é caracterizada pela vinculação do Ministério Público a critérios de legalidade e objectividade e pela exclusiva sujeição dos magistrados e agentes do Ministério Público às directivas, ordens e instruções previstas na referida lei.

Em que é que se traduz a sua actuação? No intuito de o apurar, julgamos conveniente transcrever as partes mais importantes constantes do artigo 3.º da já mencionada Lei Orgânica do Ministério Público de S. Tomé e Príncipe, que enuncia as suas competências [112].

---

[111] O Presidente do Supremo Tribunal de Justiça concluía o seu terceiro ano de mandato pela altura em que o entrevistámos.

[112] Artigo esse, aliás, que contém um número único, pelo que é desnecessária e (tecnicamente) errónea a sua enumeração (tal como presentemente está redigido).

Parte II – A Org. Juríd. do Est. e os Meios Alternativos ... 89

Segundo este diploma, compete-lhe especialmente [113] "representar o Estado, os menores, os incapazes, os incertos e os ausentes em parte incerta [...]"; "exercer a acção penal": "exercer o patrocínio oficiosos dos trabalhadores na defesa dos seus direitos de carácter social"; "dirigir a investigação criminal, promover e coordenar acções de prevenção da criminalidade"; "fiscalizar a investigação policial, [...]"; "fiscalizar a constitucionalidade das leis e regulamentos"; "velar para que a função jurisdicional se exerça em conformidade com a Constituição e as leis"; "promover a execução das decisões dos tribunais; [...]" [114].

Tal como podemos verificar, o Ministério Público assume, em S. Tomé e Príncipe, funções de extrema importância; surge, no fundo, como um garante do funcionamento e do respeito pelas instituições democráticas.

Como é que se encontra estruturado? O órgão superior do Ministério Público é a Procuradoria-Geral da República que é presidida pelo Procurador-Geral da República. Compete-lhe promover a legalidade democrática; fiscalizar a actividade do Ministério Público; emitir directivas, ordens e instruções a que deve obedecer a actuação dos magistrados e agentes do Ministério Público. Deve também informar o Governo, por intermédio do Ministro da Justiça, acerca de quaisquer obscuridades, deficiências ou contradições dos textos legais e, em consonância, incumbe-lhe propor as devidas alterações.

No que diz respeito aos agentes do Ministério Público, para além do Procurador-Geral da República, são também de considerar os Procuradores da República e os delegados do Procurador da República. Segundo dispõe a já mencionada Lei Orgânica, os Procuradores da República exercem a sua actividade junto dos tribunais de 1.ª instância, podendo haver mais do que um procurador em cada tribunal.

---

[113] *"Especialmente"* deve aqui ser entendido não como um termo que pretende traduzir uma exemplificação, mas antes como uma rigorosa tipificação da competência daquele órgão do Estado.

[114] *Idem.*

No entanto, aquilo que na prática se tem vindo a verificar é a existência de apenas um Procurador da República, não junto de cada tribunal de 1.ª instância, mas a nível de *todos* os tribunais de 1.ª instância. Esta situação torna muito complicada a actividade do Ministério Público, pois faz depender grande parte das suas funções da actuação de uma só pessoa (para além, claro está, dos seus delegados).

2.6. RESUMO E LINHAS DE FORÇA

Em jeito de um breve resumo, passaremos em revista algumas das principais características da arquitectura formal do sistema judiciário em S. Tomé e Príncipe trazidas pela Lei 8/91, de 9 de Dezembro. E, nomeadamente, daquelas que melhor põem em evidência as principais linhas de força da organização do sistema aí implantado.

Com o advento no arquipélago da 2.ª República consagrou-se, naturalmente em sede própria, a intenção (aliás já prevista na nova Constituição do país) de assegurar a existência e funcionamento de um órgão de soberania com competência para administrar a justiça "em nome do povo". A inovação foi de monta. Pelo menos a nível das intenções explícitas, os tribunais, passaram, a partir desse momento e pela primeira vez na história do arquipélago, a ser independentes (estando apenas sujeitos à lei). Esta independência ficou, pelo menos em parte, assegurada pela autonomia financeira, proveniente de uma dotação, para o efeito expressamente prevista no Orçamento Geral do Estado, e pelas receitas dos tribunais. Nunca até então tinha a emancipação do judicial em relação ao político--administrativo sido contemplada na história do arquipélago.

O sistema criado e existente é simples e pouco elaborado. Em S. Tomé e Príncipe, só se pode falar em hierarquia dos tribunais judiciais para fins de recurso. Foi criado o Conselho Superior Judiciário como órgão de autogoverno da magistratura, que passou a nomear os magistrados judiciais e do Ministério Público. E a incipiência do sistema de maneira nenhuma significa desatenção. Com a 2.ª República, foi também criado no país o serviço de inspecção judicial.

3. O DIREITO NÃO-ESTADUAL EM S. TOMÉ E PRÍNCIPE

Depois de tratar, ainda que de maneira sucinta, a organização judiciária do Estado em S. Tomé e Príncipe, queremo-nos agora debruçar sobre as formas não estaduais de encaminhamento, "processamento" e eventual resolução de conflitos no arquipélago. Como é próprio e desejável, importa começar por definir o âmbito daquilo a que queremos fazer alusão. O tema que nos propomos abordar liga-se ao "pluralismo jurisdicional" e às estratégias sociais desencadeadas pela eclosão de litígios; e carece de demonstração que litígios e o seu solucionamento ou encaminhamento seja algo que (de algum modo) esteja em causa nos processos sociais que iremos tentativamente pôr em evidência. *Pari passu* fá-lo-emos. Vamos começar, de momento, por equacionar algumas das linhas gerais das descrições que apresentamos.

Numa abordagem muito genérica e sucinta iremos assim, no que se segue deste Relatório, aflorar alguma (poucas) das áreas essenciais das múltiplas e complexas interfaces em jogo. Tal como quando, relativamente a Cabo Verde, abordámos questões de algum modo (*mutatis mutandis*) semelhantes, tentaremos num primeiro passo esmiuçar alguns dos termos e conceitos fundamentais usados pelos actores sociais santomenses com quem conversámos. Num segundo passo, debruçar-nos-emos brevemente sobre alguns mecanismos mais comuns de agressão e de defesa místicas (pois é disso, como iremos ver, que sobretudo se trata) que conseguimos identificar nestas primeiras abordagens e indagações que levámos a cabo em S. Tomé e Príncipe.

3.1. A SOCIEDADE, O ESTADO E O DIREITO NÃO-ESTADUAL EM S. TOMÉ E PRÍNCIPE

A pequena dimensão demográfica de São Tomé e Príncipe, um país com cerca de 136 000 habitantes, não espelha a imensa complexidade dos seus mecanismos sociais, incluindo todos os processos em operação no que diz respeito ao processamento e resolução de conflitos. A escassez de dados estatísticos de pormenor, arrolados por exemplo num Censo actualizado e credível, dificulta uma caracterização detalhada da população [115]. Podemos no entanto afirmar que a grande maioria da população é bastante jovem, tendo uma grande percentagem dela menos de 25 anos. Em termos económicos, não se verificam grandes problemas de miséria. A maioria das pessoas vive contudo em situações em que depara com dificuldades substanciais, sendo difícil encontrar em S. Tomé e Príncipe uma classe média que com nitidez se destaque. Não quer isso dizer, no entanto, que distinções sociais não sejam marcadíssimas no pequeno arquipélago. Mas são outras.

Numa caracterização genérica, uma divisão maior poder-se-á antes fazer entre, por um lado, uma elite sociocultural, com acesso a instrução superior (no estrangeiro, já que, localmente, uma formação a esse nível não é possível), com um poder económico mais forte; e, por outro lado, o grosso de uma população que se divide entre a agricultura, a pesca e algum pequeno comércio. Embora não existam hoje em dia no arquipélago verdadeiros agrupamentos etnolinguisticamente distintos uns dos outros, a população da ilha do Príncipe constitui-se com uma identidade diferente da de S. Tomé, ambas se distinguindo por sua vez (enquanto "forros", como se autodenominam) dos Angolares, no essencial estabelecidos no sudeste da ilha principal e da porventura cada vez mais numerosa comunidade caboverdiana residente (os chamados "crioulos") tanto no Príncipe como em S. Tomé.

---

[115] Existem alguns dados preliminares de um Censo conduzido em 2001.

Este ponto é importante. As diversas "culturas" locais e as formas de organização social existentes no arquipélago, embora porventura de menor diversidade do que aquilo que *a priori* poderíamos ser levados a pensar, são sem dúvida e em todo o caso, factores determinantes para compreender o funcionamento de todos os processos que entendemos como jurídicos: nomeadamente o funcionamento de todo o sistema judicial estadual e, bem assim, o dos mecanismos "consuetudinários" locais dedicados a funções paralelas (ainda que muitas vezes sejam, pelo menos superficialmente, funções pouco semelhantes a esses processos). Uma articulação que urge conseguir bem equacionar, sob pena de incorrer em erros grosseiros na interpretação que façamos sobre litígios e o seu percurso nas ilhas.

Como em qualquer outra sociedade, e ainda que a vida social não tenha grandes sobressaltos, em São Tomé os conflitos são frequentes. O Estado santomense, como vimos, comporta desde há muito uma organização judiciária relativamente bem montada. Mas nem todos os conflitos que nas ilhas emergem têm uma resolução puramente jurídica. Não é difícil compreender porquê. Em primeiro lugar, há claramente para isso razões de ordem material. O acesso aos tribunais não é fácil. Estes são escassos (como vimos, há apenas três no arquipélago) e não é prático para todos o ter que se dirigir a um. Fazê-lo exige muitas vezes perder dias inteiros, dias que nem sempre podem ser dispensados. E implica por via de regra incorrer em despesas cujos custos económico-financeiros são para a bolsa de muitos santomenses pura e simplesmente incomportáveis. O relativo pequeno tamanho das ilhas não revela, pois, a dificuldade maior que é para muitos a deslocação até um centro de autoridade[116].

---

[116] Não é difícil equacionar, pelo menos em termos económicos, um dos principais obstáculos a este nível erigidos. Com efeito, a pequena dimensão geográfica do conjunto das ilhas poderia parecer propiciar alguma relativa disponibilidade para uma boa acessibilidade das estruturas físicas do sistema judicial. Mas, tal como indicámos, verifica-se, no entanto, que os meios de deslocação são escassos e muitas vezes de difícil acesso. O resultado líquido

É normal que seja, então, entre os que moram nas cidades, nomeadamente na cidade de São Tomé, na do Príncipe, e na cidade das Neves, os que com mais regularidade recorrem aos tribunais, só aí existentes.

Há também factores de circunstância, por assim dizer, para a secundarização dos tribunais em S. Tomé e Príncipe. O facto de estas serem ilhas pequenas, com uma pequena população, o facto de se tratar de arenas sociais em que todos vivem a um nível de grande proximidade uns em relação aos outros, leva a que o contacto directo entre as partes em conflito seja muitas vezes o modo mais prático e mais expedito (ainda que nem sempre o mais eficaz...) de os tentar resolver. Muitas vezes, isto exclui que se recorra às autoridades, sobretudo à Polícia, em todo o caso uma vez ponderada (como os actores sociais locais mais experimentados não deixam decerto de aos outros veicular) toda a carga negativa que fazê-lo reputadamente acarreta (e ademais com a consequente gravidade que podem assumir clivagens em espaços exíguos como aqueles a que aludimos).

Mas avultam também os motivos mais difusos e menos "materiais" para essa marginalidade da organização judiciária do Estado em S. Tomé e Príncipe. Não é a todos os problemas que os actores sociais atribuem importância decisiva para o andar normal e aceitável das coisas, que o Estado, através do Direito, reconhece uma importância tal para a vida em comunidade a ponto de os pretender regular e resolver. Por outro lado o Direito estadual é escasso: tem um alcance espacial social limitado, contém lacunas variadas, e muitas vezes encontra-se severamente desajustado da realidade.

Ao mesmo tempo, perante a maioria dos conflitos, o santomense comum dificilmente identificará a sua juridicidade, tomando este termo em sentido estrito. A perspectiva que tem tende a ser mais

---

deste conjunto de circunstâncias é que o custo de deslocações até um tribunal é muitas vezes maior do que o ganho que o recurso a este pode (e apenas pode) significar.

Parte II – A Org. Juríd. do Est. e os Meios Alternativos ...

difusa. Mais facilmente representará a realidade como um conjunto de agressões e relações que incluem uma dimensão místico-espiritual [117]; mais, muitas vezes tenderá a representá-las, não como "conflitos" e "litígios", mas antes (e em congruência com a tendência "organicista" local de encarar o corpo como um instrumento e veículo de relacionamento social) como "doenças" e "maleitas" causadas para malevolência alheia [118]. Ou seja, tenderá por via de

---

[117] Um facto que não está restrito a S. Tomé e Príncipe, e que desde pelo menos os anos 80 tem constituído uma questão de interesse para antropólogos e outros analistas europeus, norte-americanos e africanos. Três obras, duas delas colectâneas de estudos variados, são de útil consulta: (eds.) J. Comaroff e J. Comaroff (1993), P. Geschiere (1997) e (eds.) H. Moore e T. Sanders (2001). A perspectiva partilhada pela maioria dos autores redunda, em parte, na asserção de que o recrudescimento da "feitiçaria" e do recurso ao "oculto" na África contemporânea só são inteligíveis nos contextos concretos em que se manifestam; mais, serão expressões de uma "modernidade": como escreveram Moore e Sanders (op. cit.: 3), aliterando Comaroff e Comaroff, *contemporary witchcraft, occult practices, magics and enchantments, are neither a return to "traditional" practices nor a sign of backwardness or lack of progress; they are instead thoroughly modern manifestations of uncertainties moral disquiet and unequal rewards and aspirations in the contemporary moment.* Conquanto esta perspectivação nos pareça pacífica, temos alguma hesitação em seguir os autores citados na sua presunção de que "o oculto" exprimiria, no essencial, uma reacção local africana aos malefícios da "economia de mercado e da como-dificação" (T. Sanders, 2001), ou aos "dilemas da modernização neoliberal" (C. F. Fisiy e P. Geschiere, 2001). Interpretações deste último tipo, para além de reducionistas, parecem-nos reavivar as práticas habituais de estabelecimento de antinomias que pretendem abolir.

[118] Um ponto a que iremos regressar, mas a que não queremos deixar de aqui começar por pormenorizar um pouco mais. Tal como notámos no Relatório sobre Cabo Verde (Armando Marques Guedes *et al*, 2001, *op. cit.*: 41-42), também (*mutatis mutandis*) em S. Tomé e Príncipe as distinções localmente operadas entre aquilo a que chamamos "corpo" e aquilo que apelidamos de "social", ou entre "doença", "mal" ou "conflito", não se sedimentam em dife-renças representacionais que comportem separações nocionais estanques. Limitamo-nos neste ponto do nosso Relatório a uma citação extraída do estupendo trabalho do malogrado Paulo Valverde (2000. 84-85): "tal como em muitos outros contextos etnográficos, em S. Tomé, os curandeiros – e especialistas

regra a encará-las como questões em que o Estado não será seu interlocutor privilegiado, preferindo antes recorrer a um "feiticeiro", visto considerar este um porta-voz do mundo espiritual com o qual todos desejam comunicar, um intermediário hierarquicamente superior por lhe serem atribuídas funções de representante de, e de canal de comunicação com [119], uma tão temida e respeitada esfera.

Esta realidade conjuntural, equacionada como o conjunto de todos estes constrangimentos é, em larga escala, o que conforma o sistema judicial e as formas "para – e extra-judiciais" em São Tomé, dando-lhes um elenco de traços muito particular [120] e esta-

---

rituais afins autodenominados *cirurgiões*, *cirurgiões do mato* e mesmo *massagistas* – são convocados para agir sobre uma paleta extensa de infortúnios que se inscrevem num *continuum* que representa a complexidade da existência humana. Quando falam sobre os seus tratamentos, os curandeiros justapõem infortúnios que o observador ocidental podia categorizar como sociais ou individuais, como metafísicos ou físicos e corporais. Para o curandeiro, estas fronteiras conceptuais são absurdas ou, então, no caso de consideradas razoáveis, a sua capacidade de as franquear é a própria substância do seu poder". A incompreensão de muitas autoridades coloniais (e pós-coloniais "ocidentalizadas") em relação a estes sistemas de práticas e representações levou a uma equação fácil, redutora, e profundamente enganadora, entre curandeiros santomenses e médicos europeus. Para além dos estragos causados à integridade do sistema local, perspectivas reducionistas deste tipo condenam quem as entretém a uma impossibilidade radical de compreender a sociedade santomense (mesmo no sentido, limitado, de dela lograr uma reconstrução racional plausível e que não transforme os locais em pessoas "irracionais" ou "atrasadas").

[119] Em paralelo com aquilo que foi dito em relação a Cabo Verde, também aqui o termo "mediador" dificilmente pode ser utilizado em referência à mediação *sobrenatural* efectuada pelos feiticeiros e curandeiros santomenses. Em termos das estratégias locais de condução de conflitos utilizadas, os "mestres" e os "feiticeiros" não são verdadeiramente nem mediadores nem árbitros: serão antes *aliados* ou *inimigos* de cada uma das partes, já que não raramente participam *de forma activa* nos processos litigiosos.

[120] Para repetir aquilo que sublinhámos em relação a Cabo Verde: parece em todo o caso claro que o termo "curandeiro" (como aliás "mestre", ou "feiticeiro") não devem ser confundidos com os vocábulos feiticeiro, mestre e curandeiro tal como comummente utilizados em Portugal, onde a conotação

Parte II – A Org. Juríd. do Est. e os Meios Alternativos ...   97

belecendo um tipo particular de relacionamento (por via de regra ténue) entre ambos. Para sabermos ponderar esta dimensão social teremos que os entender como conjuntos que são; no entanto, por uma questão de comodidade de análise, é aconselhável começarmos por tratar cada uma delas em separado.

A abordagem preliminar que aqui iremos levar a cabo será, neste primeiro passo, essencialmente fenomenológica. Tentaremos analisar a forma como os santomenses comuns (operando nós aqui para tal algumas distinções sociológicas, ainda que não tão finas, nesta fase preliminar de investigação, como seria desejável) olham

---

que têm é essencialmente "médica". Em S. Tomé e Príncipe, tal como aliás em Cabo Verde, estes são termos que denotam também sempre uma concentração de poder sobrenatural e sugerem relações de força, violência e agressão muito particulares. Como indicado, também palavras como "doença" ou "morte" só com uma grande simplificação e uma enorme redução de âmbito poderão ser traduzidas pelos termos portugueses cognatos; *traduttore, tradittore*. Com efeito, separa estas representações das comuns em Portugal uma (entre muitíssimas outras) diferença crucial: segundo a larga maioria dos santomenses (sobretudo fora das elites, mas também entre os membros destas) não há em boa verdade doenças e mortes verdadeiramente atribuíveis a causas naturais; *a larguíssima maioria é tida como sendo consequência de malevolência, exprimindo por isso tensões e disputas entre pessoas ou grupos.* Não deixa no entanto de haver um espaço em comum em que o conflito pode ser representado como fenómeno dimensionável em termos "jurídicos" (*lato sensu*) tanto pelo Direito como pela "sociedade". E é aqui que se encontra a primeira matéria de nosso interesse nesta parte deste Relatório. Perante um conflito desta natureza será a questão levada a tribunal? Serão desencadeados os processos estaduais de resolução de conflitos? Apurá-lo não é fácil. De acordo com a maior parte das opiniões que registámos a resposta é negativa: a maioria dos casos de litígios que ocorrem, diz-se, não são levados às autoridades estaduais. Razões para isso serão levantadas mais adiante, avançando nós, no entanto, que estas podem ser de várias espécies. Parece de qualquer modo notório que o indivíduo comum não reconhece às autoridades legitimidade para gerir os seus conflitos. E isso tem uma dupla faceta: os santomenses não só não reconhecem as autoridades como aptas para esse papel, como estas últimas não estão de facto (na maioria dos casos) devidamente preparadas para resolver esses problemas a contento das pessoas. Também a isto voltaremos adiante.

para os seus conflitos; e como aceitam ou não a interferência de uma terceira parte vocacionada directamente para a resolução dos mesmos. Ainda que não propunhamos uma qualquer tipologia, veremos quem é que prefere aceder aos tribunais e em que termos e circunstâncias o faz. Que matérias serão mais facilmente levadas a juízo e quais outras não entram nessa esfera?

Num segundo passo, olharemos também, ainda que de uma forma mais uma vez breve e sucinta, para o lugar efectivo das autoridades estaduais na conformação da justiça em São Tomé. Por esta altura estaremos (assim se espera) mais aptos para compreender os fenómenos jurídicos propriamente ditos em São Tomé e Príncipe. E só então poderemos pensar em conseguir saber dar um terceiro e último passo: aquele que nos permitirá abordar e conceptualizar o lugar estrutural, no sistema, da diversidade das "formas consuetudinárias" através das quais, no arquipélago, os santomenses também se exprimem; manifestando, ainda por essa via, a identidade cultural específica que ostentam.

3.2. O ENQUADRAMENTO SOCIOCULTURAL DAS FORMAS ALTERNATIVAS DE "PROCESSAMENTO" DE LITÍGIOS

Asseverámos que a esmagadora maioria dos litígios e conflitos que eclodem em S. Tomé e Príncipe, de uma forma não-trivial não chegam às autoridades judiciais estaduais, por serem resolvidos por recurso a meios alternativos específicos. Mas os que chegam (e são aí configurados como isso mesmo, conflitos e litígios, individuais ou colectivos) são levados a essas instâncias por quem? E em que casos isso se verifica? Não temos conhecimento de quaisquer estudos minimamente fidedignos que sobre estas questões se tenham debruçado. Mas, com base nas conversas entretidas com responsáveis bem informados e dos dados fiáveis que obtivemos, não é impossível esboçar uma primeira imagem (ainda que parcialmente impressionística) quanto a eventuais respostas para estas (e outras) questões.

Encontram-se porventura sobretudo entre aqueles com maior poder sócio-económico os que em S. Tomé e Príncipe mais preparados estarão para procurar no poder judicial estadual a melhor resposta para resolver os seus conflitos. Isso está decerto muito ligado ao facto de ser entre estes que se encontra o mais alto nível de escolaridade e educação formal. Por outro lado, no entanto, uma maior consciência "jurídica", e uma correlativa maior convicção na capacidade do poder estadual para a resolução de conflitos, vislumbra-se, no arquipélago, entre as camadas mais jovens (cujo nível médio de instrução é também mais alto [121]).

Outras entidades que naturalmente procuram os tribunais são as empresas. O sector privado, em crescimento em S. Tomé e Príncipe, necessita de um sistema judicial forte e eficaz, que possa resolver os inevitáveis e crescentes litígios entre empregadores e trabalhadores e entre empresas e a administração estadual. As empresas (nacionais e estrangeiras) são pois naturais adeptas do desenvolvimento de todo um corpo jurídico formal e de mecanismos públicos, homogéneos e precisos e minuciosos de resolução de conflitos. É de resto reconhecida, na maioria das opiniões que recolhemos, a importância do desenvolvimento de tais questões para a evolução do sistema judicial santomense [122].

---

[121] Como talvez fosse de esperar dadas as razões (de escolaridade) acima aduzidas. São no entanto também estes aqueles que, ao que parece, em S. Tomé, em paralelo muitas vezes menos confiança simultaneamente têm no poder judicial. O padrão, nas conversa formais e informais que em S. Tomé tivemos, foi nisso muito nítido. Daquilo que repetidamente ouvimos, esse parece ser o caso, visto estas pessoas propenderem a considerar que os tribunais santomenses não conseguem dar uma resposta verdadeiramente adequada aos problemas com que concretamente se debatem, dada a sua (por eles) conhecida ineficácia material e "cultural".

[122] Dado o alargamento em curso do sector económico privado, e sobretudo do sector económico privado nas mãos de nacionais santomenses, também nisso se evidenciam expectativas específicas. Sobressai daquilo que ouvimos a urgência sentida no que diz respeito à constituição de um órgão de poder soberano que não hesite em tomar eventuais decisões *contra* a administração estadual, evidenciando relativamente a esta uma largamente desejada e natural independência.

Para estes novos e velhos grupos sociais, quais os tipos de litígios que chegam aos tribunais? Se, na sua grande maioria, os conflitos parecem poder ser "resolvidos" no contacto directo entre as pessoas, nos seus próprios termos e (pelo menos nalguns casos) a seu contentamento relativo, que tipo de casos restam para levar a tribunal, ou a instâncias estaduais inferiores [123]?

O grosso dos casos que sobem às instâncias judiciais parece ser de matéria criminal, normalmente pequenos delitos como, por exemplo, aqueles envolvendo furtos de pequeno valor. Estes, além de em geral mais complicados de resolver entre as partes, beneficiam do facto (do ponto de vista dos projectos hegemónicos do Estado) de dizerem respeito a acções consensualmente consideradas como sendo públicas. Assim, desde que Polícia ou Ministério Público deles tenham conhecimento, casos destes podem (com a anuência tácita da maioria da população santomense) ser encaminhados para o aparelho judicial do Estado, mesmo que para tal não contem com a colaboração das entidades em litígio.

Um exemplo bem diverso é, nesse contexto, o relativo a essa matéria sensível que são, no arquipélago, as questões de Direito da Família, para usarmos uma terminologia nossa conhecida. Em São Tomé esta é uma matéria com contornos muito próprios. O casamento, como passo ritualizado (seja em termos religiosos, seja cívicos), não é por via de regra praticado, sendo as relações entre homem e mulher mais próximas daquilo a que chamamos "uniões de facto". Para além disto, é corrente cada homem ter mais do que uma família (sobretudo, foi-nos dito repetidamente, em meios urbanos e em círculos mais abastados), constituindo-se assim, nalguns círculos, vários agregados familiares paralelos com uma inevitável inconsistência orgânica entre si [124].

---

[123] Como em S. Tomé e Príncipe funciona tantas vezes, na prática, a Polícia.

[124] Tudo isto origina diversos escolhos, e fá-lo de uma maneira complexa e multidimensionada tal que, por vezes, só uma autoridade externa pode esperar saber resolver os *imbroglios*, senão a contento de todos, pelo menos de forma

Parte II – A Org. Juríd. do Est. e os Meios Alternativos ... 101

De qualquer modo, algumas das características próprias da vida social em São Tomé, a proximidade e intimidade entre muitos dos seus habitantes, a integridade (presumida e idealizada) da família e o seu carácter assumidamente privado, as representações entretidas quanto à realidade como uma configuração que releva do domínio místico-espiritual, levam a que em muitos casos as pessoas pura e simplesmente *não queiram* ir a tribunal. Para muitos santomenses, a esfera que consideram privada é ampla; e quaisquer interferências nela de poderes públicos (poderes esses que, de qualquer maneira, a ninguém parecem inspirar grande confiança) seriam, por isso mesmo, absolutamente inaceitáveis.

O que suscita alusão a um ponto que vale a pena bem sublinhar. O sentimento que resulta desta dicotomia categorial popular, muito firme e assimétrica, entre o privado e o público, é agudizado, em S. Tomé e Príncipe (e isto um pouco a todos os níveis sociais, embora aí haja decerto distinções finas a fazer), por uma desconfiança bastante radical em relação ao Estado [125]. Uma desconfiança, aliás, recíproca, já que o Estado tende, em S. Tomé e Príncipe, em marcar uma clara distância, pelo seu lado também, em relação às dicotomias e categorizações "populares" dos santomenses [126]. Para

---

conclusiva. Aquilo a que fazemos alusão são aqui por exemplo questões como a filiação, o reconhecimento da união, o direito a alimento, entre outros, que fazem com que por vezes só um tribunal possa assumir decisões (resta saber se acatadas) que de outro modo só raramente seriam sequer tomadas.

[125] Outra coisa, aliás, não seria de esperar de uma "sociedade civil" que se foi constituindo numa colónia esclavagista, com uma população sujeita a uma economia de plantação, para depois sofrer as agruras de um período marcado por uma discriminação racial sistemática e que, num período mais recente, se viu submetida aos melindres dos *forcings* de uma engenharia social típica dos regimes políticos como o da 1.ª República.

[126] Bastará aqui dar um exemplo, dos muitos possíveis: o relativo à atitude do Estado no que toca ao dimensionamento sociocultural "místico" que os santomenses tendem a entrever nas relações entre pessoas, e ao consequente papel que nela preenchem figuras como as dos curandeiros, mestres e feiticeiros. Tornamos a citar Paulo Valverde (*op. cit.*, 2000: 76): "como em muitos contextos coloniais, a figura do curandeiro atraíu suspeições e perseguições por parte das

a maior parte dos santomenses com quem falámos, a esfera privada abarca a fatia maior da vida social, sendo mínimas (e, de algum modo, curiosamente quase integralmente residuais) as áreas em que admitem (no sentido de que lhe reconhecem alguma legitimidade) a intervenção-interferência do Estado. Nesse contexto, parece ser fortíssima a "sociedade civil" em S. Tomé e Príncipe [127].

Junta-se a isto a presença de fortes sentimentos de agressividade e vingança, desencadeados, por exemplo, relativamente a questões localmente melindrosas como aquelas que envolvam ideias de difamação ou injúrias pessoais, o que não deixa de favorecer a propensão para formas daquilo que apelidaríamos de "justiça privada".

---

autoridades. Conforme outros antropólogos sugerem [...], esta hostilidade foi motivada, em parte, pelo lastro histórico intenso da repressão na Europa sobre as práticas consideradas como bruxaria, feitiçaria, magia, etc., e, em parte, porque – umas vezes erradamente, outras acertadamente – se considerou a figura do curandeiro/feiticeiro africano como um potencial foco de subversão política. Estas reflexões admitiam, assim, a continuidade entre os processos terapêuticos que incidem sobre a corporalidade individual e os processos de acção politizada". O Estado parece assim ter sido levado a encarar estas práticas e representações com uma atitude que tem estado a meio caminho entre a arrogância exclusionária e a tolerância condescendente. Deste ponto de vista, pouco ou nada mudou em S. Tomé e Príncipe desde a independência. Para efeitos comparativos genéricos, é aconselhável a consulta de H. Moore e T. Sanders (*op. cit.*: 19) e, para o caso particular dos Camarões, a do artigo de C. F. Fisiy e P. Geschiere (*op. cit.*: 234-243)

[127] Ainda que, como iremos ter oportunidade de sublinhar e tentar dissecar na parte final deste Relatório, se trate e uma curiosa sociedade civil, que parece mais interessada em afirmar-se independentemente do Estado, do que propriamente como sua interlocutora.

3.3. ALGUNS DOS "IDIOMAS" MÍSTICOS MAIS CORRENTES NAS CONVERSAS SOBRE CONFLITOS EM S. TOMÉ E PRÍNCIPE

Quais as formas que assume essa juridicidade espontânea no arquipélago? A questão, naturalmente, não pode ser respondida com base nas informações e dados empíricos recolhidos numa curta visita de estudo como foi a nossa. Mas alguma coisa deve, sem sombra de dúvida, ser dita.

No âmbito de uma tentativa de delinear o "mapa topográfico" daquilo que se adivinha em S. Tomé e Príncipe no que diz respeito às representações localmente entretidas sobre o que apelidamos de "litígios" (interpessoais ou intergrupais) e o seu processamento, iremos no que se segue descrever algo do que fomos compilando ao longo de numerosas conversas e entrevistas que tivemos, tanto com personalidades políticas e outros membros das elites locais como ainda com pessoas que fomos conhecendo em zonas urbanas e em zonas rurais nas curtas visitas que fizemos a praticamente todos os cantos da ilha de S. Tomé [128].

De toda uma organicidade da "juridicidade tradicional santomense", que se apresenta como manifestamente muito complexa, apenas destacaremos algumas das figuras do domínio místico, personagens das representações populares locais como algo que toma face, como alguma coisa presente espiritual e fisicamente na vida quotidiana, sendo este um dos campos dos mecanismos aceites e tidos pela generalidade das pessoas como, senão o único eficiente, decerto um dos (ou o) mais eficientes, para "exprimir" e "processar" os "litígios" e "os problemas" com que as pessoas localmente se

---

[128] A comparação entre aquilo que a este nível se verifica em S. Tomé e o que descrevemos no que diz respeito a Cabo Verde (Armando Marques Guedes *et al.*, 2001, *op. cit.*:40-56) torna-se óbvia na mais leve das leituras. Com alguma deliberação, organizámos esta secção do presente Relatório em termos e segundo um formato que pretende facilitar eventuais comparações sistemáticas que entre os dois casos possamos querer aventar.

defrontam na sua vida quotidiana. Não iremos muito longe, neste campo riquíssimo e fascinante das práticas e representações sociais em que S. Tomé e Príncipe é tão reconhecidamente profuso. Mas tentaremos começar a circunscrevê-lo. Em anexo, apresentamos algumas histórias paradigmáticas que no arquipélago nos foram contadas e disponibilizamos um pequeno quadro de palavras e expressões utilizadas em S. Tomé e Príncipe quanto a estes domínios [129].

3.3.1. *CURANDEIROS E MESTRES, FEITIÇARIA E FEITICEIROS*

Como vimos, não nos foi difícil, através de proveitosas conversas cruzadas com algumas considerações de ordem mais geral, apurar algumas das razões fundamentais que levam os santomenses a muitas vezes optar por mecanismos "alternativos" de "resolução" de conflitos. Mas porquê os deste tipo?

Várias razões podem ser aduzidas para o tentar explicar. Em primeiro lugar, destaca-se a importância de crenças e convicções partilhadas na acção de forças sobrenaturais e a constante intrusão destas na vida social como fonte das representações entretidas e das práticas seguidas pela larguíssima maioria dos santomenses, desde os que representam os agrupamentos sociais mais rurais, remotos e despossuídos, até aqueles que ocupam os mais altos cargos políticos [130]. Podemos desde já avançar uma diferença gritante, que se

---

[129] Um quadro que aliás fizemos questão em apresentar de uma forma semelhante àquela em cujos termos elaborámos relativamente a Cabo Verde, com o intuito, mais uma vez, de aumentar a comparabilidade dos dois casos.

[130] Quantas vezes de maneira inconsciente, diríamos. São, neste contexto, particularmente interessantes as atitudes marcadamente racionalistas dos membros das elites santomenses relativamente a estas práticas e crenças "populares". Poderíamos citar uma frase de um antigo Ministro da Justiça de S. Tomé e Príncipe que se propunha esclarecer, para nosso benefício, o que irá na mente de um cidadão santomense quando este (ou esta) decide ir a um feiticeiro ou

Parte II – A Org. Juríd. do Est. e os Meios Alternativos ...

nos afigura que os actores sociais consideram estar presente na justiça operada através destes mecanismos extra-estaduais, quando esta é comparada com os mecanismos existentes na orgânica estadual: a diferença reside na acessibilidade geral de todos à primeira, potencializada pelo facto de se "receitar" a mesma solução ao político de maior respeitabilidade e posses económicas do arquipélago e ao empregado que lhe limpa o gabinete diariamente. Não há assim, nessa versão (e nisso os actores sociais opõem-na à outra) a justiça dos opressores e a justiça dos oprimidos; não há lugar a partes débeis ou contraentes dominantes. Esta é sem dúvida uma motivação para o santomense.

Em segundo lugar, tal como salientámos, põem-se duas questões: não são só enunciadas dúvidas quanto à celeridade com que um problema é ou não solucionado pelo Estado (sendo comum ouvir-se comentários derrogatórios quanto à lentidão, bem conhecida, com que opera o sistema oficial); mas são também suscitadas hesitações, a cujas razões de fundo já fizemos alusão, relativas tanto à adequação entre soluções estadualistas e clivagens tidas como privadas, quanto à legitimidade de ao Estado recorrer seja por que motivo for [131].

---

curandeiro: "a ciência por vezes leva demasiado tempo, tenta-se a superstição para assegurar algum resultado". Como iremos ter oportunidade de sublinhar, estas "convicções místicas" não deixam em S. Tomé de ter o seu quê de ambiguidade (como, aliás, ainda que de modo algo diferente, também é o caso em Cabo Verde, cfr. Armando Marques Guedes *et al.*, 2001, *op. cit.*: em especial pp. 48-53).

[131] No que diz respeito a este conjunto particular de motivos que podem levar ao recurso a estes mecanismos mais familiares (no sentido forte do termo) de "processamento" de conflitos, será ainda de referir exemplos que, embora parciais não deixam de ilustrar este quadro. Assim, muitos homens parecem em S. Tomé, ao ter qualquer tipo de desentendimento familiar, preferir eles próprios que a sua mulher recorra, mesmo contra eles, à feitiçaria evitando deste modo a ofensa que se consumaria com a instauração de um processo contra si. Por outro lado, vemos a mulher a preferir socorrer-se deste tipo de apoio, talvez como forma de contrabalançar o pouco poder que tem na sua esfera familiar.

Por último confronta-se, a um nível económico, o fácil acesso a soluções do tipo local e "tradicional" por um lado; e, por outro, o carácter dispendioso que um qualquer processo estadual inevitavelmente acarreta.

Para introduzir figuras com uma posição social tão relevante como os feiticeiros ou os curandeiros, teremos primeiro que precisar as raízes do estatuto de tais personagens no mapa da sociedade civil santomense. Poder-se-ia dizer que o carisma dos protagonistas da bruxaria flui dos espíritos com quem comunicam; existe no entanto uma fonte de legitimidade terrena que delega competências aos seus sucessores, traçando uma linha hereditária de poderes e, consequentemente, de crentes. A legitimidade de que goza um feiticeiro advém de um prestígio alcançado pelo seu mestre, de quem foi discípulo toda a vida. Se um "forro" tem sempre o mesmo feiticeiro como conselheiro e conhece o assistente que trabalha com este, é em S. Tomé considerado como "natural" que este seguidor obtenha como clientes todas estas pessoas que confiavam no seu pedagogo, transmitindo-se desta forma o reconhecimento da legitimidade dos feiticeiros.

Para que melhor se compreenda a organicidade extra-estadual do pluralismo jurídico santomense, há ainda que destrinçar duas categorias de sujeitos activos das relações para-jurídicas que comummente se estabelecem: a distinção, localmente com firmeza operada, entre os feiticeiros, por um lado, e por outro lado, os curandeiros. Não é nada difícil diferenciá-las, principalmente se tivermos presentes as suas missões e funções que, segundo os santomenses, são bem distintas. O feiticeiro, em S. Tomé e Príncipe, é um personagem invariavelmente procurado para "lançar feitiços" a uma outra pessoa com a qual se tem um conflito, consistindo isso numa actividade que se resume a rogar e desfazer pragas, mais ou menos fortes (por vezes mortais) conforme a intensidade do "conflito" subjacente ou em causa. Por outro lado, os curandeiros tal como o próprio nome indica, são personagens mobilizados no essencial para curar "doenças", "perturbações" ou, como é (significativamente, como

Parte II – A Org. Juríd. do Est. e os Meios Alternativos ...

iremos ter oportunidade de ver) localmente designado, para assim lograr *pagá devê* [132].

Assim, o primeiro (o "feiticeiro") terá uma conotação bastante mais negativa do que o segundo (o "curandeiro"), já que, de acordo com a convicção de quem a estes recorre, um deles faz o mal e o outro ajuda a fazer o bem. O contraste parece assim basear-se numa oposição "ética" local, relevando da "imaginação moral" [133] dos santomenses que a entretêm (e, ao que apurámos, tratar-se-á, no que a estas representações diz respeito, da esmagadora maioria da população [134]).

---

[132] Este "pagar dever" funda-se no facto de as pessoas acreditarem numa vida anterior a esta, em que dívidas teriam sido incorridas por "contrato", e que, no presente as pessoas se vêem chamadas a saldar (ver, em anexo, o "Quadro relativo a expressões...."). Voltaremos a este ponto, e nomeadamente ao facto, fascinante da natureza "político-jurídica" de todo o vocabulário utilizado pelos santomenses quando se referem a tópicos deste tipo. Ver o significado e o alcance semântico da expressão usada no Quadro que apresentamos em anexo a este Relatório.

[133] No notável trabalho, já citado, Paul Valverde (2000: 88-89) oferece para estas distinções uma reperspectivação diacrónica e subjectivista, insistindo que "pode dizer-se que [em S. Tomé] a suspeição e a luta contra os inimigos mais ou menos tangíveis se articula, intimamente, com uma instabilidade existencial que define o percurso dos curandeiros. Ser curandeiro – ou, na categoria local mais respeitada, mestre – é uma condição reversível e volátil, que deve ser renegociada incessantemente com múltiplos interlocutores – os espíritos ou santos auxiliares, talvez o Diabo e sobretudo os clientes. Só os curandeiros mais temidos, cuja categorização se torna ambígua – pelo seu poder imenso nunca se sabe bem se são do bem ou do mal, isto é, feiticeiros – alcançam uma espécie de tranquilidade axiomática e não mais precisam de reafirmar quotidianamente a sua autodefinição de curandeiros".

[134] Dividindo a população de S. Tomé segundo um critério estritamente religioso, parece ser o caso que temos, de um lado, os católicos (nominalmente, pelo menos, a grande maioria da população), e do outro, os não católicos. Entre dos que se afirmam católicos poderemos destrinçar dois tipos de reacções a este fenómeno: os que o conciliam com a vida cristã e os que não conseguem compatibilizar as duas. Fundamentando-se explicitamente na Bíblia (enquanto testemunho religioso que não fecha as portas à existência de um demónio e à

A convicção popular santomense na eficácia desta fórmula para o encaminhamento de conflitos é muitíssimo forte. E a nível etiológico apoia-se numa "teoria da agência" (*theory of agency*) muito particular: segundo a totalidade dos santomenses com quem trocámos impressões, não faz verdadeiramente qualquer sentido atribuir a uma qualquer morte, ou doença, uma causa natural. Nem é posta em causa a versão que a conta como sendo resultado de uma intervenção sobrenatural; já que *todas* as mortes e doenças, afirmam, terão causas profundas, em última instância sempre ligadas a agressões místicas empreendidas por outrem. O que leva a que se viva no arquipélago, senão num medo constante potenciado pela possibilidade de ser alvo, a todo o tempo, de um "mau olhado", e numa dependência insaciável relativamente a este fenómeno que paira no ar dia e noite, pelo menos com as cautelas devidas [135].

---

sua acção terrena mediante a utilização de pessoas que se deixam levar pela tentação), muitos são os católicos que em S. Tomé dizem ser seus intermediários todos estes feiticeiros e curandeiros que recorrem ao seu poder para actuar perante os que o procuram; estes católicos conseguem conciliar as duas realidades e acreditam firmemente na existência e no poder desses intermediários, embora neguem sempre ter contacto com eles. As pessoas com quem falámos deram-nos constantemente respostas como: "sim tudo isso existe mas eu não sei como é porque nunca fui", "o diabo só usa as pessoas que gostam dele, ele gosta de quem faz tudo o que ele manda". Um outro tipo de catolicismo, mais raro em S. Tomé, afirma que um verdadeiro crente nem sequer reconhece veracidade a qualquer história que lhe seja contada sobre bruxaria, toma-as como boatos e nem as comenta: "eu não acredito em nada disso porque isso é coisa do demónio e eu acredito só em Deus" (são estes os que pensam nas duas realidades mas que as definem como sendo incompatíveis). Assim negam completamente qualquer peso à prática da bruxaria. Referindo-nos agora à minoria não católica, estes não acreditam em nada, são literalmente ateus e só admitem algo quando acontece à sua frente e lhe seja provado que nada se deve à ciência.

[135] Numa magnífica conversa com D. Abílio Ribas, o encantador e extraordinariamente disponível Bispo de S. Tomé (com quem tivemos três longas e minuciosíssimas trocas de impressões) deu bastante relevância a estas representações e convicções generalizadas no arquipélago como "imprescindíveis" para quem queira "perceber aquilo que aqui se passa a nível político". Foi-nos dito que todos os santomenses no fundo acreditavam nos feiticeiros

Curioso é notar que os próprios feiticeiros estão hierarquizados, tendo também eles temores, tanto numa linha vertical como horizontal, e manifestando muitas vezes estes receios mútuos de forma peremptória. Não ousam, por exemplo, desafiar os feiticeiros do Príncipe: já que é do senso comum que estes gozam de mais e maiores poderes que os de S. Tomé [136].

Importa, no contexto de tudo aquilo que acabámos de dizer, saber pôr em perspectiva a postura ambígua com que é encarada em S. Tomé e Príncipe esta dimensão "mística" da vida social. Porque não é só o Estado que mostra quanto a ela uma estudada renitência. Muitas são também as resistências com que este complexo

---

(embora alguns o negassem) "desde o mais necessitado até ao político que antes de tomar posse encarrega o seu feiticeiro de entrar no seu gabinete à sua frente, para que este lance sal pelo chão e deste modo desfaça qualquer feitiço que hipoteticamente possam ter lançado sobre si". Os governantes santomenses, foi-nos por exemplo asseverado, sobretudo se à nascença não foram devidamente "trancados" (como habitualmente é feito com todas as crianças), antes de tomar posse de um qualquer novo cargo preventiva e cuidadosamente "trancam o corpo"; pois "a superstição", foi-nos dito, levá-los-ia a crer que "um corpo aberto" estará muito mais susceptível a ser vulnerável a eventuais "feitiços deixados pelos seus antecessores no posto governativo". Vários outros exemplos nos foram sublinhados da centralidade da dimensão "mística" para a intelegibilidade das dinâmicas políticas no arquipélago. O caso de S. Tomé e Príncipe neste âmbito não é excepcional em África.

[136] Ao discutirmos (muito superficialmente) com membros da *intelligensia* local, no âmbito de uma rápida visita ao sudeste de S. Tomé, a situação dos Angolares, tornou-se-nos evidente que, de acordo com as asserções locais, também neste ponto os Angolares se distinguem dos "forros": uma vez que (foi-nos dito) os Angolares seriam "gente em que essas ideias se vão desvanecendo cada vez mais", "não havendo entre nós um medo tão acentuado e generalizado da feitiçaria" como entre os "forros". Entre Angolares, foi-nos assegurado, os conflitos que surjam no seio da família são imediatamente resolvidos pelo familiar mais velho e "com mais experiência", que por esta razão é visto como o mais apto para ajudar em situações "difíceis". Mais uma vez, note-se, trata-se aqui de asserções categóricas formuladas por membros das elites, asserções identitárias contrastivas que valeria a pena tentar confirmar ou infirmar.

de convicções-crenças e práticas depara a nível da "sociedade", e porventura de maneira especial entre as elites mais instruídas e "ocidentalizadas". Como escreveu Paulo Valverde (*op. cit.*: 128), que aqui merece ser longamente citado, "a feitiçaria e os complexos sociais que lhe estão próximos constituem um domínio fortemente problemático, podendo suscitar, entre os são-tomenses, reacções dramáticas e diametralmente opostas. Em termos muito gerais, à semelhança do que ocorre em muitos outros contextos etnográficos, a feitiçaria revela-se, conforme os indivíduos, sedutora ou repulsiva pelo facto de ser uma competidora de discursos e *praxis* institucionais hegemónicos que têm como objecto prioritário a definição e o controlo da pessoa humana e das relações físicas e metafísicas em que esta está comprometida. A feitiçaria e a medicina tradicionais são muitas vezes concorrentes directas e relativamente eficientes da biomedicina ocidental e de religiões poderosas como o cristianismo ou o islamismo. Além disso, sobretudo no século XX [...], as administrações coloniais e pós-coloniais pressentiram a sua apetência política ou a sua potencial aptidão para desestruturar e deslegitimar os propósitos de hegemonia e de controlo dos novos poderes centralizadores. As práticas repressivas foram assim generalizadas...". Talvez tanto como antes, na "época colonial", o Estado pós-colonial santomense tem vido a encarar com um misto de hostilidade, repulsa e indiferença (mas a fazê-lo em doseamentos variáveis), este tipo de expressões socioculturais locais [137]. Tal como, aliás, embora de maneira muito diferente, a "sociedade" santomense.

---

[137] A relação, aliás, é complexa. Não chegaríamos a afirmar que as elites que controlam o Estado as tem como uma afronta ao sistema judicial instituído; mas podemos adiantar desde logo que o Estado as categoriza como práticas presas a um patamar de invalidade racional e ineficácia material, que não permite a sua integração num sistema misto e conforme a uma "realidade africana" que os membros dessas elites tendem a descrever em termos muito "positivistas" e "materialistas". Os seguidores destas instâncias não oficiais, pelo seu lado, conotam como uma "jurisdição paralela" a protagonizada pelo Estado, vendo-a como ineficiente.

3.4. O ESTADO E AS FORMAS "ESPONTÂNEAS": UM RESUMO E UMA REPERSPECTIVAÇÃO DE CONJUNTO

Aparentemente (e decerto para quem aceita pelo seu valor facial o discurso sobre o tema entretido pelas autoridades e pelas elites urbanas do arquipélago), é a estrutura judiciária do Estado o que informa e conforma o grosso do jurídico em São Tomé e Príncipe. E isto apesar das limitações sofridas.

Mas essa é tão-só uma aparência. Ainda que uma ilusão compreensível: trata-se de uma organização bem visível. Juízes e advogados (cargos que até à independência nunca eram exercidos por naturais, com todas as implicações, positivas e negativas, que isso trazia) são, desde essa, personalidades locais; embora formados no estrangeiro, hoje maioritariamente em Portugal. Faltam no entanto ainda "quadros", sobretudo funcionários qualificados para trabalho técnico e de secretaria (uma carência grave, a nível da formação intermédia, de que o Estado santomense, em sentido lato, se ressente). Também as estruturas físicas disponíveis são insuficientes, sendo todavia de notar o esforço de actualização das instituições santomenses, nomeadamente de acompanhamento das evoluções informáticas. Vão-se por outro lado sentindo os efeitos da progressiva luta levada a cabo, sobretudo depois do fim do regime de partido único, desde a instauração da chamada 2.ª República, pela autonomia e independência dos órgãos judiciais (hoje órgãos de soberania) em relação ao poder político. A criação de uma Ordem de Advogados (por muitos defendida e em estudo) será decerto um passo previsível nessa almejada direcção.

Para reiterar o que dissemos: a visibilidade funda a aparência e parece corroborar e ser corroborada pelos discursos localmente entretidos, mas a visão daí resultante é profundamente enganadora. Deixemos de lado, por um momento, a distância cultural. Atenhamo--nos tão-só à material. Não há, na organização judicial do Estado que intenta recobrir as ilhas, meios humanos, técnicos, logísticos, ou sequer financeiros, para chegar a toda a parte. À distância física, a que já aludimos, há que juntar a distância funcional. Ao que acresce, como fazemos questão de tornar a sublinhar, alguma distância cultural: muitos são os santomenses que pura e simplesmente não querem recorrer à justiça oficial, ou porque nela não acreditam, ou porque nutrem uma profunda desconfiança pelos poderes públicos, ou por ambas as coisas. Na situação de carência judiciária em resultado vivida, a Polícia funciona as mais das vezes como instância de resolução de conflitos; como pudemos verificar *in loco*, muitos destes são a esse nível com celeridade sanados com recurso (aparente) à regra da equidade. Mas também a Polícia de S. Tomé e Príncipe sente grandes dificuldades. A falta de meios provoca, mesmo sendo pequenas as distâncias, que uma simples verificação de um local seja encarada como um desafio. Ao mesmo tempo as pessoas, sobretudo se não citadinas, sabem que se chamarem a Polícia esta pode não ter nem um tempo nem uma capacidade de resposta suficientes para prover às necessidades concretas existentes.

Em resumo, mesmo a este nível a situação vivida é bastante complexa; e isso torna-se claramente visível na intrincação da sua dimensão sociológica, como resulta evidente uma vez esta revisitada. Os santomenses não têm em princípio grande confiança nos tribunais. As consequências não se fazem esperar. Ou porque, de acordo com perspectivas culturais profundas, a "resolução" (ou pelo menos o encaminhamento) dos conflitos em que se embrenham se faz por recurso a outra esfera (místico-espiritual), por exemplo por intermédio de mecanismos como a feitiçaria. Ou porque simplesmente aqueles não estão aptos a resolver os seus casos, e os processos judiciais tendem por isso quantas vezes a prolongar-se indefinidamente sem qualquer resolução. Em muitos casos as questões pura e simplesmente não são sequer tocadas e são deixadas ao "esquecimento"[138].

---

[138] Como exemplo, um simples processo de averiguação de responsabilidade num acidente de viação é algo que dada a morosidade e ineficácia é logo à partida posto de lado, obrigando as partes a tentar entender-se por si sós.

Esta realidade sofrerá seguramente ainda mais com o passar do tempo. A crise instalou-se [139]. Não é difícil compreender porquê. O sistema judiciário estadual parece estar em degradação acelerada; esta é, em todo o caso, a impressão crescente de quase todos. E (o que é de prever) tenderá a agravar-se quanto mais "consciência jurídica" adquiram os santomenses. Isto é, quanto mais se torne o sentir comum que muitas das questões que defrontam no seu dia-a-dia têm interesse indubitável para a colectividade; e que sobre elas, por isso, o Direito se deveria debruçar. Tendências que a independência, a escolaridade generalizada, e a visibilidade cada vez maior de outros horizontes, parecem ter tornado irreversíveis. Por outro lado, só cultivando o estabelecimento de uma massa crítica de cidadãos empenhados na criação e na defesa de um poder judicial forte e independente, que seja mediador eficaz entre as pessoas e entre as pessoas e o poder público, se pode esperar vir a preencher essa expectativa crescente. Ou seja, quanto mais as estruturas judiciárias se fortaleçam em meios e em mão-de-obra que as habilitem a servir a sua população, mais o Direito fará parte da vida de São Tomé.

Não quereríamos, em todo o caso deixar de salientar uma das formas pelas quais a sociedade santomense tem historicamente vindo a, senão advertir, pelo menos anunciar, ao Estado o que pode (porventura sem grande distorção) ser interpretado como uma quasi-apetência para essas formas de mediação pública. Com efeito, basta atermo-nos, ainda que tão-só superficialmente, às representações locais santomenses relativas ao domínio genérico daquilo que o Estado apelida de "conflitos" e da sua "resolução", para darmos conta de uma fascinante colagem verbal e categorial dessas práticas

---

[139] O reconhecimento deste facto é generalizado. Em Agosto de 2000, o Estado santomense publicou as Actas de um Colóquio Nacional sobre o estado da justiça em S. Tomé e Príncipe em que sublinhou a falência do sistema judiciário local e aventou a hipótese de ter de se vir a proceder à contratação de juízes estrangeiros (portugueses ou brasileiros, foram as preferências aventadas) para exercer funções judiciais no arquipélago.

consuetudinárias relativamente a figuras estaduais típicas [140]. Um mimetismo notável. Ponhamo-lo em evidência.

O tópico genérico dos discursos localmente entretidos no arquipélago sobre tensões sociais parece ser, no essencial, económico-político-moral; ou relevando, mesmo, de um vocabulário "jurídico" (e das representações nele embebidas) que parecem ter colonizado aquilo que (tal como o fizemos em relação a Cabo Verde) talvez não seja abusivo descrever como "o imaginário e o vocabulário sociais e políticos" [141] em S. Tomé e Príncipe. São os próprios termos crioulos (e portugueses) utilizados que o traem: *pagá devê*, pagamento, contrato, sentença, castigo, *disprezo, xicote*, vingança, preso, justiça, mestre, paço do mestre, etc., são termos que obviamente nos remetem para metáforas alusivas a subordinações econó-

---

[140] De alguma maneira *à contre sens*, não temos assim grandes dúvidas quanto a afirmações como a de H. Moore e T. Sanders (*op. cit*.: 17 e 19), segundo os quais *contemporary witchcraft and anti-witchcraft in Africa need to be understood in terms of state power, actual political processes, and local political institutions*. Nem quando, tomando em linha de conta as ligações complexas entre formas "consuetudinárias" e formas estatais em África, asseveram que *witchcraft and the occult are* [...] *not just about popular ways to resist the state. They are constitutive of state power and legal process*. O diferendo reside no lugar e no papel que atribuímos à "feitiçaria" e, por isso, ao seu sentido "instrumental" e ao seu significado simbólico mais genérico e "teológico".

[141] Armando Marques Guedes, *et al., op. cit*.: 53-54. No caso presente, de S. Tomé e Príncipe, esta colagem é ainda porventura mais nítida que aquela que sublinhámos existir em Cabo Verde. Tal como fizemos no Relatório anterior, agradecemos ao António Hespanha o ter-nos inicialmente chamado a atenção para este ponto e pelo paralelismo que então aventou existir com a Europa meridional do *Ancien Régime*, durante muitos séculos "uma civilização construída sobre o Direito", *la civiltà de la carta bollata*. Mais uma vez acrescentemos, no entanto, uma consideração suplementar; é interessante verificar os diferentes níveis de permeabilidade à "colonização ideológica" aqui em causa: a aparente porosidade ideológica das elites, que tendem a preferir, de maneira linear, adoptar "por atacado" modelos europeus, e a porosidade relativamente menor do resto da população, que ao que tudo parece indicar instrumentaliza antes "à peça" e em termos porventura mais tradicionais, apenas uma poucas das figuras e alguma da terminologia "importada".

Parte II – A Org. Juríd. do Est. e os Meios Alternativos ... 115

micas e à dominação política, a correspondências que aludem a situações e experiências sociais entrevistas em quadros conceptuais por sua vez marcados por uma "juridicidade contratualista" de ecos também curiosa e claramente estatizantes, ou "estadualistas".

Não será decerto preciso assumir uma postura muito durkhei-miana para dar relevo ao facto de que toda esta terminologia (que as expressões "tradicionais" santomenses de categorizacão, concep-tualização e processamento de tensões e conflitos partilham com as estatais suas afins) alude visivelmente a experiências de sujeição a formas de poder representadas segundo quadros e matrizes implan-tados pelo Estado no arquipélago. A incorporação desta terminologia pelos santomenses torna-se, deste ponto de vista, numa questão fascinante; sobretudo se mantivermos em mente o padrão continuado de renitência e resistência face ao poder do Estado que, como noutra secção deste Relatório sublinhámos, tem sido apanágio da articulação complexa entre este e a população [142].

Retomaremos estas duas últimas questões de fundo na parte final deste Relatório. Mas podemos avançar a nossa opinião de que a condição que falta para um crescimento na "consciência jurídica" dos santomenses e para uma tomada de consciência, pelas elites que controlam o Estado, de formas locais "tradicionais" de juri-dicidade eventualmente reconduzíveis às estaduais, é a da emergência de uma sociedade civil "moderna", com preocupações e objectivos congruentes com os do Estado: um caminho que também ao próprio Estado, numa democracia, cabe percorrer.

---

[142] E, ao que tudo indica, não se trata apenas de uma questão terminológica. Tanto quanto conseguimos apurar, muitas das práticas "tradicionais" santomenses recorrem a um marcado mimetismo relativamente às estaduais suas afins. Assim, por exemplo, há fortes semelhanças entre a distribuição espacial das personagens em ocorrências jurídico-políticas públicas e colectivas e os protocolos "con-suetudinários" aí seguidos e os seus equivalentes funcionais estatais; ou entre as formas (bastante formalizada, adversarial e "mediada" por um discurso com pretensões à isenção) tradicionais e estaduais de encaminhamento de conflitos interpessoais no arquipélago. Um tema fascinante para investigações futuras, que mais uma vez nos remete para a interacção complexa entre Estado e sociedade em S. Tomé e Príncipe.

PARTE III

OS CONFLITOS POLÍTICO-CONSTITUCIONAIS NA DEMOCRACIA SANTOMENSE

Nesta terceira parte deste Relatório, voltamo-nos para palcos sociais e políticos mais amplos da vida de S. Tomé e Príncipe. Não será inútil contextualizá-la. Na primeira parte apresentada, preocupámo-nos com a ligação à sociedade da administração pública que tem vindo a ser montada no arquipélago. Ainda que em termos meramente indicativos, fizemo-lo contra um pano de fundo histórico, político e sociológico. Na segunda parte, que se lhe seguiu, decidimos debruçar a nossa atenção sobre mecanismos relativos ao "processamento" dos variadíssimos tipos de litígios que eclodem nas ilhas. Num primeiro passo dessa segunda parte, olhámos para a organização judiciária do Estado. Num segundo passo dela, tentámos lançar alguma luz sobre os dispositivos e mecanismos "místicos" em cujos termos os santomenses muitas vezes expressam a "juridicidade" que reconhecem de maneira espontânea.

Tanto num como noutro desses dois passos, insistimos em tentar sempre pôr em destaque (ainda que esse não tenha nunca sido o tema central do que fomos abordando) a separação e a distância existentes, em S. Tomé e Príncipe, entre "o Estado" (em várias das suas dimensões e nos diversos momentos histórico-políticos vividos no arquipélago) e "a sociedade" santomenses.

Aquilo de que em seguida iremos tratar alarga os âmbitos, e por conseguinte amplia a inclusividade, das duas partes precedentes e encadeia-se bem nessa sequência. Nesta terceira parte do presente Relatório o foco estará posto na organização política do Estado em S. Tomé e Príncipe. Novamente o tentamos levar a bom porto redimensionando as análises que vamos propondo em termos histórico-sociológicos e culturais, para lá, por isso, de mera preocupação com questões formais de arquitectura e de mecânica normativas. Ou seja, mais uma vez nos esforçamos por equacionar a articulação complexa entre "sociedade" e "Estado", desta feita em palcos mais explicitamente políticos, e partindo dos dois pólos do binómio.

Uma palavra de caução. Dado o domínio muito mais "rarificado" do que aqui iremos abordar (trata-se de dar conta do funcionamento de instituições estaduais, instituições essas por via de regra providas, em S. Tomé e Príncipe, por membros das elites urbanas, com um nível comparativamente alto de instrução e "ocidentalização"), essa articulação com a "sociedade" será porventura menos óbvia nesta terceira parte do Relatório. Esforçar-nos-emos, porém, por pô-la em evidência, e retomaremos a questão na quarta e última parte. Muitos dos termos aqui utilizados são homófonos dos conceitos usados por juristas e cientistas políticos "ocidentais" e poderia por isso causar estranheza que, dada a nossa linha de argumentação, os façamos ressoar no contexto da análise que tentámos empreender. Usamo-los porém aqui como meros termos e não enquanto conceitos, visto ser como tal que localmente os ouvimos ser manuseados pelas elites santomenses que controlam o Estado.

A inclusão dos conflitos político-constitucionais na problemática genérica que propomos quanto à legitimidade e à legitimação suscita um breve comentário de caução. Por um lado, vislumbrámos a resolução de litígios através de mecanismos estaduais e, em seguida, da perspectiva das formas não estaduais existentes e com funções afins. Iremos agora, com este novo tipo de disputas, analisar um modo de processamento de litígios com uma dupla natureza: simultaneamente estadual e não estadual. Por outro lado, e esse é o segundo cuidado que importa ter em mente, este tipo de conflitualidade tem características e dimensões próprias que nos exigem catalogá-lo como um tipo autónomo de conflitos sociais.

No que se segue, abordamos, sucessiva e cumulativamente, a história política recente do Estado no arquipélago, a natureza das crises a que os processos que a afectam têm estado sujeitos, e a raiz político-constitucional de muitos destes últimos e daquelas primeiras. Fazemo-lo, mais uma vez, contra o pano de fundo sociocultural da sociedade santomense, e tendo sempre em mente os papéis cambiantes e as mudanças no lugar estrutural que nela o Estado tem vindo a assumir nas ilhas. E, repetimos, sempre de acordo com a terminologia localmente usada pelos participantes nas disputas que aqui esmiuçamos. Tal como foi o caso nas partes anteriores deste Relatório, um dos fios, ou tópicos, condutores daquilo que apresentamos prende-se com questões relativas à legitimidade local das instituições, processos e representações aqui abordadas.

4. A EVOLUÇÃO POLÍTICA EM S. TOMÉ E PRÍNCIPE

A evolução política recente (a da 2.ª República) em S. Tomé e Príncipe é expressiva da juventude da democracia existente no país. A sua maturação tem sido fogosa, algo turbulenta, e assaz multidimensionada. Talvez seja por conseguinte de começar por uma arrumação de factos e acontecimentos significativos, agrupando-os em fases de desenvolvimento pontuadas por rupturas significativas. São três os grandes momentos da complexa progressão que podem servir de base para uma periodização dessas transformações:

(i) o intervalo que vai do colonialismo à independência política forma a primeira das suas parcelas;
(ii) um segundo segmento abarca o período que medeia desde a independência política do jovem Estado santomense até à abertura ao multipartidarismo;
(iii) os anos que ligam a abertura democrática aos nossos dias integram uma terceira fase, ainda em curso.

Na secção que se segue deste Relatório, analisaremos, em linhas gerais, *a se* e por esta mesma ordem, cada um desses três momentos sucessivos.

4.1. DO COLONIALISMO PARA A INDEPENDÊNCIA

Após cinco séculos de colonização, S. Tomé e Príncipe alcançou a independência em 1975. Ao contrário do que aconteceu em países como a Guiné-Bissau ou Moçambique, Estados em que a transição para a independência, se não resultou de uma luta armada pelo menos encontrou nela um dos seus argumentos de legitimação interna como externa, em S. Tomé e Príncipe a transição resultou integralmente de um processo negocial que colocou frente a frente o Movimento de Libertação de S. Tomé e Príncipe (MLSTP) [143] e o Governo português.

Formalmente, as negociações para o efeito ocorreram em Argel, e foram concluídas a 26 de Novembro de 1974. Na prática, porém, a coincidência de posturas e conveniências políticas conjunturais entre as partes adicionou-se a leituras paralelas no que toca à natureza das conjunturas à época vividas, no sentido da criação de tantas concordâncias efectivas que poucos diferendos houve para tentar equilibrar. Do acordo bilateral então celebrado entre aquele movimento (tido como único e legítimo representante do "povo santomense") e o Estado português para o efeito representado pelo seu Governo, resultou a formação, a 21 de Dezembro de 1974, de um Governo de Transição híbrido, constituído por representantes de Portugal e do MLSTP; esse corpo foi quem dirigiu os destinos do arquipélago até a proclamação da independência.

Com a subida à independência nasceu, a 12 de Julho de 1975, o novo Estado, então intitulado, bem ao espírito da época no quadrante político em que o MLSTP escolheu integrar-se, de República Democrática de S. Tomé e Príncipe.

4.2. DA INDEPENDÊNCIA ATÉ À INSTAURAÇÃO DO MULTIPARTIDARISMO – A 1.ª REPÚBLICA

Após a independência [144], Manuel Pinto da Costa viria a ocupar o cargo de Presidente da República e Miguel Trovoada o cargo de

---

[143] Foi fundado em 1960 (no Ghana) um (muito pouco activo) Comité de Libertação Nacional de S. Tomé e Príncipe. Em 1972 (na Guiné Equatorial), foi alterada a sua denominação para Movimento de Libertação de S. Tomé e Príncipe (MLSTP).

[144] O corpo do texto, na presente e na próxima das subsecções deste Relatório, cartografa um rastreio da sequência dos acontecimentos político-

Primeiro-Ministro. Ambos pertenciam às cúpulas do MLSTP, um partido cuja hegemonia assim se via cristalizada no interior do jovem Estado pós-colonial. A partir de então, e durante quase uma geração, S. Tomé e Príncipe viveu um período político marcado pelo centralismo económico e político; tratou-se de um regime autoritário de inspiração soviético-comunista. Do ponto de vista da organização do poder político, este na época encontrava-se concentrado na pessoa do Chefe de Estado, M. Pinto da Costa, um homem que, depois de um sério corte com Miguel Trovoada (que em consequência foi afastado), para além da chefia do Estado, passou pouco tempo depois a desempenhar também as funções de Chefe de Governo [145]. Durante o período de partido único, que

---

institucionais mais importantes ocorridos no arquipélago desde a independência. A *pièce de résistence* é, naturalmente, a 2.ª República. Subjacentes aos eventos políticos arrolados, nas *petites histoires* que em S. Tomé e Príncipe os subtendem, imbricam-se porém, como é óbvio, fissões e fusões partidárias de natureza em grande parte corporativa, colisões e colusões mais personalizadas, e até atritos mais ou menos veementes entre agendas político-ideológicas incompatíveis. Em notas de rodapé, tentaremos dar conta de algumas dessas narrativas subjacentes. Obtivemos os dados a que recorremos em conversas com inúmeros santomenses que nelas participaram, de entre os quais cumpre destacar Miguel Trovoada, Filinto Costa Alegre, Francisco Fortunato Pires, Olegário Tiny e Carlos Tiny. No que toca a corroborações e à linha condutora que traçámos, a nossa dívida maior é para com Gerhard Seibert (2001 e comunicação pessoal).

[145] Em Abril de 1979, o Presidente M. Pinto da Costa, tal como antes e depois o fizeram vários Chefes de Estado africanos (nomeadamente o angolano, Agostinho Neto), aboliu o cargo de Primeiro-Ministro. Miguel Trovoada foi em resultado demitido e foi-lhe entregue uma pasta menor (a da Economia, Cooperação e Turismo). Entre 16 e 18 de Agosto seguintes, o Governo tentou realizar um recenseamento geral a que a população reagiu mal, suspeitando um plano governamental para impor trabalhos forçados no arquipélago. Viveu-se um clima de revolta, com desacatos de rua. Pinto da Costa estava fora do país. O Ministro da Defesa, Daniel Daio, dirigiu os esforços de contenção das manifestações, em que foram presas uma centena de pessoas. Miguel Trovoada foi apontado como estando por trás dos levantamentos populares, acusado de conspirar para assassinar o Presidente, de "desvios burgueses" e de conluio com "interesses estrangeiros". Insultado e ameaçado no Conselho Coordenador do MLSTP (o

durou 15 anos, Pinto da Costa foi o único Presidente da República e, em boa verdade, o único detentor formal do poder no arquipélago. Muitos foram as medidas que indiciavam as novas orientações do Estado no arquipélago, nesta primeira fase do pós-colonialismo. Arrolemos alguns dos seus traços distintivos mais significativos. No âmbito das relações externas, viram-se durante essa 1.ª República privilegiados os contactos e a cooperação com os países do bloco socialista e com os "não alinhados"; nomeadamente a União Soviética, a República Popular da China, Cuba e Angola [146]. Os tribunais

---

antigo Bureau Político do partido, reformulado por Pinto da Costa, que aí colocara apenas familiares e outros apoiantes seus incondicionais), Trovoada procurou refúgio na Embaixada de Portugal e, após uma seca recusa de asilo político dada pelo Governo de Maria de Lurdes Pintassilgo, acantonou-se nas instalações do PNUD onde, ignorando os protestos dos funcionários internacionais, as "forças de segurança" santomenses entraram e o foram buscar. Preso, Trovoada foi expulso do partido; seguiu-se a isso uma "Campanha de Rectificação" um pouco por todo o país, que se saldou em numerosas purgas e numa radicalização do partido único. Apesar das queixas internacionais, Trovoada esteve preso quase dois anos, sem nenhuma acusação formal e sem qualquer julgamento (vd. G. Seibert, *op. cit.*: 153-157). Muito do conflito terá sido resultado de tensões pessoais acumuladas entre Pinto da Costa e Trovoada. A radicalização redundou numa subida ao poder, no partido e no Governo, de vários familiares de Pinto da Costa.

[146] Cooperação e contactos esses com uma forte componente militar. Sublinhem-se aqui dois exemplos. Um, o da construção de uma estação de rastreio de satelites, nunca posta em funcionamento efectivo, para cobertura de órbitas equatoriais. Outra, de envio directo de tropas "internacionalistas" de apoio ao regime santomense de partido único. Em resposta a supostas tentativas de assalto ao poder alegadamente lideradas por Carlos Graça e por Albertino Neto, e em ressonância com aquilo que em 1977 e 1978 acontecera no Benin, no Congo, nas Comores e em Angola (todos eles afligidos por golpes de Estado de sucesso variável), o Primeiro-Ministro Miguel Trovoada e o Ministro dos Negócios Estrangeiros Leonel d'Alva chamaram para o arquipélago uma centena de soldados da Guiné-Bissau (então liderada por Luís Cabral), 1.500 soldados angolanos das então FAPLA, e um número indeterminado de militares, técnicos e conselheiros cubanos (*cfr.* G. Seibert, *op. cit.*: 151-153). Só em 1991, e a pedido do Presidente democraticamente eleito Miguel Trovoada, a República Popular de Angola consentiu na redução progressiva dos seus efectivos militares

não actuavam enquanto órgãos de soberania, uma vez que não eram independentes do poder executivo/administrativo. O Parlamento, por sua vez, apesar de se ver formalmente considerado como sendo um órgão de soberania, funcionava na prática mais enquanto prolongamento do partido único do que como verdadeiro órgão minimamente autónomo. Do ponto de vista da organização económica, foi montado, erguido e instalado um sistema de direcção central baseado num planeamento económico vinculativo e na fixação administrativa dos preços. A lógica de funcionamento do mercado, por motivos de vária ordem, estava afastada da prática económica aceite.

Tratou-se, porém, de uma série efémera de inovações. Com as mudanças que, em finais dos anos 80 do século XX, a *perestroika* e o *glasnost* soviéticos prenunciaram, a situação deixou de poder manter-se por muito mais tempo [147]. A situação de crise da economia

---

nas ilhas para um total de cerca de 500 homens armados. O objectivo desta cooperação militar era o de escorar, contra ameaças Imperialistas", o regime autoritário de partido único então no poder (cujas Forças Armadas não contavam nesse período senão com 150 soldados efectivos.

[147] Em 1989, e contra um coro de protestos dos outros quatro Governos africanos lusófonos reunidos numa cimeira anual realizada na cidade da Praia, em Cabo Verde, S. Tomé e Príncipe tornou-se no primeiro dos PALOP a abolir o monopartidarismo. Seja como for, uma plétora de razões, internas e externas, podem ser aduzidas para explicar esta abolição do monopartidarismo, sendo também de sublinhar que o MLSTP e Manuel Pinto da Costa o fizeram também, decerto, não com o intuito de mudar o regime e deixar o poder, mas pelo contrário como tentativa de os manter a ambos, ainda que numa forma atenuada. Nesta hipótese, a transição poderá ter resultado de um erro de cálculo: seria interessante apurar em pormenor se, tal como terá acontecido na União Soviética de Mikhail Gorbachov, terá Gerhard Seibert razão ao afirmar que "o objectivo do regime [de Pinto da Costa] não era a introdução da democracia multipartidária, mas a preservação do partido único com maiores liberdades internas e a aceitação de um grau limitado de competição entre facções" (*op. cit.*: 490). Se assim foi, a abertura foi um tiro que saiu pela culatra à liderança do partido. As pressões externas e internas revelaram-se implacáveis, uma vez uma frecha aberta. As condições para isso eram muitas. Nos inícios dos anos 80, face à evidente autocracia de Pinto da Costa, verificou-se uma notória emergência de uma vocal (se bem que muito pouco coesa) oposição política no exílio (cfr.

planificada das ilhas tornara-se irresolúvel, uma vez que tanto as instituições de Bretton Woods (o FMI e o Banco Mundial), como os Estados ocidentais mais localmente influentes, como ainda outros dadores avulsos de ajuda internacional, começaram a insistir em impor condicionalidades económicas e políticas estritas para as suas injecções de ajuda externa, cada vez mais imprescindíveis para a própria sobrevivência [148] de governantes, governados, do partido no poder e até do Estado santomense ele mesmo. A crise de fundo (não só de viabilidade económica, mas também de credibilidade externa e de legitimidade interna) instalara-se em definitivo nos finais da década. Alguma coisa teria que mudar [149]. Dentro do próprio

---

G. Seibert, *op. cit.*: 160-162). Em meados do decénio, M. Pinto da Costa abandonou a ideia de "partido de vanguarda" e, significativamente, redefiniu o MLSTP como uma "frente"; reconhecendo erros, precipitações e omissões, esboçou uma reaproximação a dissidentes exilados (nomeadamente Carlos Graça, um ex-Ministro da Saúde, considerado um "reaccionário" e condenado *in absentia* a 24 anos de trabalhos forçados, e Miguel Trovoada), bem como com o "Ocidente" (nomeadamente, Portugal, Alemanha, França e Estados Unidos da América, entre outros). O mau desempenho da economia estatizada santomense não terá sido alheio a estas novas inflexões em matéria de política externa e interna (*ibid.*: 162-176 e 192-205). Para redimir o país e garantir a sua solvência, tanto o par Banco Mundial e FMI como o PNUD impuseram, durante a segunda metade do decénio, condições estritas. Juntaram-se a numerosos países e organizações que sobre S. Tomé vinham a exercer pressões difíceis de resistir que exigiam mudanças profundas pelo menos aparentes.

[148] Nos termos do que é chamado "o consenso de Washington". Pressões externas, uma vez mais, revelaram-se assim incontornáveis na progressão das coisas no arquipélago. Como escreveu Christopher Clapham (1996: 202), no contexto da sua análise, hoje clássica, sobre a dependência externa de muitos dos Estados africanos pós-coloniais, *in the island microstates of Cape Verde and São Tomé and Príncipe, the ready acceptance of multiparty elections could most simply be ascribed to a most urgent need for aid.* Uma interpretação seguramente apressada e parcial, mas nem por isso desprovida de fundamento.

[149] Numerosíssimos têm sido os estudos levados a cabo, tanto por académicos africanos como por "africanistas" ocidentais, relativamente à lógica das "transições democráticas" que ocorreram em África, no essencial no início dos anos 90. Uma colectânea útil de alguns dos modelos propostos é a contida

Parte III – Os Confl. Pol.-Constitu. na Democ. Santomense 127

MLSTP – o partido único – começaram a surgir divisões (muitas vezes com uma dimensão pessoal) insanáveis, que originaram (e nalguns casos exprimiam) fortes clivagens nas elites políticas santomenses.

Em desespero de causa, o partido reagiu. Em Conferência Nacional realizada nos dias 4 e 5 de Dezembro de 1989, o MLSTP decidiu abrir o regime ao multipartidarismo. Só mais tarde, em 1991, viriam a realizar-se as primeiras eleições livres e multipartidárias que alguma vez tiveram lugar no país. Antes disso, no entanto, logo em 1990, a Assembleia Nacional e o Comité Central do MLSTP [150] aprovaram com celeridade o projecto de uma nova Constituição Política, decidindo, ao mesmo tempo, submeter o texto a um referendo popular.

O texto constitucional foi com efeito aprovado por referendo realizado a 22 de Agosto de 1990, em escrutínio no qual participaram mais de 90% dos eleitores santomenses elegíveis. De um ponto de vista formal, foi como que a inauguração da democracia no arquipélago. A nova Constituição Política, a Lei Eleitoral (1990) e a Lei dos Partidos Políticos (1990) [151] constituíram a pedra de toque das primeiras eleições livres realizadas em S. Tomé e Príncipe.

---

em (ed.) Richard Joseph (1999), que compila comunicações apresentadas numa conferência realizada, em 1997, no MIT. Neste volume, ver, por todos, Crawford Young (1999) e Richard Joseph (1999). Embora nenhum dos artigos coligidos aborde explicitamente a questão da legitimidade e os esforços de legitimação durante e depois das "transições", todos a isso no fundo aludem, ainda que uns mais e outros menos, de maneira pelo menos implícita. Para um enquadramento comparativo exaustivo, que recobriu 42 Estados africanos, ver Michael Bratton e Nicolas van de Walle (1997).

[150] Para uma discussão fascinante, ainda que infelizmente não tão pormenorizada quanto desejaríamos para o presente Relatório, convém, por todas, a leitura das magníficas páginas que Gerhard Seibert (*op. cit.*: 206-216) dedica a este tema das discussões que rodearam a aprovação de uma Constituição Política para S. Tomé e Príncipe.

[151] Respectivamente Lei n.º 7/90, Lei n.º 11/90 e Lei n.º 8/90.

4.3. DA ABERTURA DEMOCRÁTICA ATÉ AOS NOSSOS DIAS – A 2.ª REPÚBLICA

Esta fase inicial, de vital importância para a compreensão do presente trabalho, foi marcada pela instabilidade política e por fortes "lutas" institucionais e pessoais. Seria porém um erro encarar esta turbulência como apenas um resultado da natureza totalitária do regime. Com o multipartidarismo, pouco iria, a esses níveis, ver-se alterado. As primeiras eleições legislativas realizaram-se a 20 de Janeiro de 1991, e as presidenciais a 3 de Março do mesmo ano. Da primeira eleição saiu vencedor o PCD-GR (Partido da Convergência Democrática-Grupo de Reflexão)[152], que obteve 33 dos 55 lugares da Assembleia Nacional. O MLSTP-PSD, o partido derrotado[153], conquistou 21 deputados, tendo o Partido Democrático

---

[152] O PCD-GR apenas se tinha formado três meses antes das eleições (apesar de já existente como "grupo de reflexão" desde 1989) e foi constituído, na sua maioria, por "quadros dissidentes" do MLSTP, aliados a "independentes", alguns altos funcionários do aparelho de Estado e jovens "quadros". Inicialmente criado como mero "grupo de reflexão" (GR), agregado com o intuito de cartografar a transição para o pluripartidarismo, entre 3 e 4 de Novembro de 1990 esse *think-tank* tinha-se transformado em partido, com Daniel Daio como Secretário-Geral e Leonel d'Alva (outro "histórico") como Presidente e com o apoio explícito do Partido Socialista português. Este fenómeno de nascimento e rápida ascensão ao poder de uma entidade como esta mereceria decerto um estudo muito mais aprofundado, que, infelizmente, não cabe na economia deste Relatório.

[153] Uma mudança curiosa de nome (por acrescento), num período em que os sociais-democratas do PSD de Aníbal Cavaco Silva, cujo apoio convinha ao velho partido único santomense tentar conseguir, estavam no poder em Portugal (o PCD-GR contou, durante a campanha, com o apoio do PS, na pessoa de João Soares, filho do então Presidente da República portuguesa, Mário Soares). Em larga medida essa "coloração protectiva", essa "colagem" ao PSD, resultou. O Secretário-Geral do MLSTP-PSD então "criado" era, curiosamente, Carlos Graça. Resta sublinhar que o Estado português não soube prever a ascensão de uma alternativa democrática ao partido único histórico, que assim pública, explícita e imprudentemente apoiou no decurso das primeiras eleições democráticas realizadas no arquipélago. Num acesso de *Realpolitik* mal gizada, o Governo

de São Tomé e Príncipe (então com o nome de Coligação Democrática de Oposição – CODO[154]) conquistado um deputado. Em resposta aos resultados das eleições presidenciais foi eleito como Chefe do Estado o já referido antigo dirigente e Primeiro Ministro do MLSTP, Miguel Trovoada, que se tornou assim no segundo Presidente da República, mas o primeiro eleito de forma efectivamente democrática (apesar de, depois da desistência dos seus dois opositores, se ter tornado em candidato solitário).

Não foi porém uma vitória em toda a linha, a da oposição ao partido único da 1.ª República e ao que ele para muitos representava. A máquina partidária do até então único partido permitido no arquipélago veio a surtir efeitos, em actos eleitorais mais anónimos e mais dependentes de relações de força locais. E fê-lo com rapidez. Em Dezembro de 1992 realizaram-se as primeiras eleições autárquicas, em que o MLSTP saiu vencedor, tendo ganho o sufrágio, de forma expressiva, em todas as autarquias do país (excepto uma).

Como atrás dissemos, esta fase inicial do novo período democrático-parlamentar de S. Tomé e Príncipe também seria, por sua vez, marcado por uma forte instabilidade política. Uma instabilidade que, menos de um ano depois, se viria a fazer sentir de maneira incontornável. O período de graça da 2.ª República santomense foi efectivamente curto. Logo no início de 1994, as tensões agravaram-se. Em resposta a um sério litígio institucional entre o Presidente da República e o Chefe do Governo[155], o

---

português disponibilizou apoios logísticos e quinze *jeeps* à campanha do partido de Pinto da Costa. As consequências foram pesadas: compreensivelmente, e apesar das excelentes relações entre os dois Estados, a re-normalização das relações bilaterais viria a demorar uma boa meia-dúzia de anos.

[154] Uma coligação formada em Lisboa durante o primeiro semestre de 1990, que juntava três pequenos grupos de dissidentes do MLSTP, com as siglas de FRNSTP, UDISTP e ADNSTP. A CODO foi formalmente constituída em S. Tomé em Outubro de 1990, e Albertino Neto foi eleito Presidente deste novo partido.

[155] Ver *infra.*, para muito maiores desenvolvimentos sobre este litígio.

Presidente decidiu demitir o Primeiro-Ministro Norberto Costa Alegre e nomear um Governo de iniciativa presidencial, chefiado por Evaristo de Carvalho. A 10 de Julho de 1994, dissolveu a Assembleia Nacional e convocou eleições legislativas antecipadas para 2 de Outubro do mesmo ano.

Note-se, porém, que antes desta última demissão, outras tinham ocorrido; em Abril de 1992, o Presidente da República tinha já sumariamente demitido o Primeiro-Ministro, Daniel Daio, em virtude de uma alegada perda de confiança política em relação a este [156]. Coube-lhe assim equacionar uma alternativa. Foi na sequência dessa demissão, que o Presidente convidou o partido mais votado na altura, o PCD-GR, a indicar o nome de uma personalidade para a chefia do Governo da nação. Norberto Costa Alegre viria a ser o nome indicado pelo partido e nomeado pelo Presidente da República. Mas esta nomeação acabou por se revelar como uma solução pouco duradoira.

A contrapartida da vontade cambiante do Presidente parece ter sido uma oscilação no sentido de voto do eleitorado no arquipélago. Uma nova mudança na competição política santomense ocorreu com as eleições de 2 de Outubro desse mesmo ano de 1994. Uma de várias que se lhe iriam seguir. Mas importa não exagerar o seu alcance; tratou-se apenas de uma redistribuição dos sufrágios recolhidos, sem verdadeiramente alterar, de maneira muito profunda, as relações de força. A Assembleia Nacional mudou de cor: o MLSTP-PSD conquistou 27 dos 55 deputados; o PCD-GR obteve

---

[156] Em páginas deliciosas, Gerhard Seibert (*op. cit.*: 242-243) conta como "os factos que culminaram na demissão [de Daio] eclodiram em princípios de Março de 1992, quando Daio efectuou uma visita não programada as instalações da Guarda Presidencial, e aí, depois de ter provado a refeição, disse que esta sabia mal." Rapidamente correram rumores de que um golpe de Estado se prepararia, sob a liderança de Daio, um Major na reserva. Daio foi substituído por um ex-Ministro das Finanças, Norberto Costa Alegre, particularmente impopular devido à sua anuência perante as exigências de austeridade do Banco Mundial.

14 deputados, à semelhança do que aconteceu com a ADI (Aliança Democrática Independente), a nova força partidária de S. Tomé e Príncipe [157]. O novo Governo seria apoiado por uma minoria parlamentar formada pelos deputados do MLSTP. Dois anos depois e pela primeira vez, estávamos nas ilhas perante uma aliança governamental (MLSTP e ADI), uma coligação que sustentou dois Governos, sucessiva e respectivamente chefiados por Carlos Graça e Armindo Vaz.

Concordar em discordar poderia parecer uma fórmula que poria alguma (ainda que módica) estabilização ao alcance do recém-instaurado multipartidarismo. Repentinamente, porém, um factor exógeno inesperado viria ameaçar as próprias regras do jogo em S. Tomé e Príncipe. Abrimos aqui um parêntesis nesta breve descrição dos sucessivos processos eleitorais para dar conta de um grave conflito, ocorrido em 1995, que colocou em perigo a recém estabelecida democracia de S. Tomé, tendo constituído um cenário de grande convulsão política. Não se tratava, dessa feita, de mero diferendo político-partidário, baseado em desacatos mais ou menos personalizados, como aqueles que até aí tinham animado a luta política. Mas antes de uma ameaça de fundo ao próprio regime político da 2.ª República. Desta vez, numa primeira linha, o conflito surgiu entre o Presidente da República e os militares, cujas chefias efectuaram um eficiente golpe de Estado no Palácio Presidencial, tendo depois detido, por mais de 48 horas e não muito longe daí num quartel da capital do país, o próprio Chefe de Estado. O *coup d'État* [158] teve como justificação primeira a necessidade urgente de

---

[157] A ADI surgiu como um partido de inspiração presidencial, devido às ligações que manteve (e ainda hoje em dia mantém) com o então Presidente da República Miguel Trovoada. Nesta época tinha como seu assessor jurídico Gabriel Costa, depois Embaixador em Lisboa e Primeiro-Ministro de S. Tomé e Príncipe.

[158] Para uma descrição detalhadíssima deste muito intrincado golpe e das suas eventuais motivações e meandros, ver mais uma vez Gerhard Seibert (*op. cit.*: 259-271).

solucionar a situação alegada como sendo de carência absoluta: a vivida pelos santomenses em geral e, em especial, aquela sofrida pelos militares [159].

O golpe de Estado, apesar de ter sido planeado e executado de forma bastante eficaz, não deu na prática lugar a nenhuma substituição concreta, ao nível das personalidades detentoras, em S. Tomé e Príncipe, do poder político. Ninguém se viu afastado ou substituído. Não houve novos actores que aparecessem na cena política para ficar. E, felizmente para todos, a questão depressa foi solucionada. Através de uma mediação angolana, o regresso ao poder de Miguel Trovoada foi com presteza assegurado; e um perdão (uma "amnistia") geral, foi rapidamente concedido aos militares e civis implicados na iniciativa sediciosa armada. Desde então nunca mais se verificou qualquer turbulência política anormal causada pela instituição militar [160] em S. Tomé e Príncipe.

O degládio político-partidário foi assim com rapidez reatado. Em 1996, realizaram-se em S. Tomé e Príncipe novas eleições presidenciais. O ambiente parecia ter esfriado. Mas ao nível do elenco de candidatos, pouco se alterara o cenário no arquipélago. A nível dos resultados também. Dos cinco candidatos que então se apresentaram, passaram a uma segunda volta Miguel Trovoada e

---

[159] Apesar de não ter havido um qualquer aproveitamento político claro e explícito do acontecimento, não está afastada a hipótese de o mesmo ter tido contornos ou motivações político-ideológicas, ou pelo menos político-partidárias. Esses são aspectos que a História se encarregará de esclarecer, tratando mais tarde ou mais cedo de dissipar dúvidas quanto ao que verdadeiramente se passou.

[160] O que, ao que nos confidenciaram vários dirigentes santomenses, foi garantido de maneira radical: em resultado do rápido desmembramento "preventivo" a que as Forças Armadas foram pouco depois sujeitas, não haveria, em finais de 2000, mais de 200 homens armados nas ilhas; o Tribunal Militar foi "congelado"; e , asseguraram-nos, a cada miliciano nunca eram distribuídas mais de duas balas. Se isso for (e não temos razão para pensar que não seja) verdade, é caso para se dizer que para grandes males, grandes remédios. Como, em conversa, nos garantiu o Presidente Miguel Trovoada, "uma dúzia de *Marines* norte-americanos ocupariam S. Tomé nalgumas horas, caso tal quisessem".

Manuel Pinto da Costa, o primeiro Presidente da República. Após uma contestação mal sucedida dos resultados eleitorais contabilizados na segunda volta (impugnados por Pinto da Costa), Miguel Trovoada foi novamente declarado como o vencedor das eleições [161]. Abriram--se assim as portas para um segundo mandato do Presidente Trovoada.

No palco dos partidos políticos, porém, a fragmentação que parecia ser apanágio da jovem 2.ª República santomense não deu à Boa Governação do arquipélago (ou pelo menos a uma governação minimamente estável) muito tempo para respirar. As inúmeras "guerras" no seio da frágil maioria parlamentar do MLSTP e a difícil coabitação com um Presidente da República com uma legitimidade confirmada por uma reeleição difícil e contestada, depressa lançaram o país em mais uma situação de impasse político, dando origem ao aparecimento de um novo Governo de "base alargada" (com elementos dos dois principais partidos políticos, o MLSTP e o PCD), um governo desta vez chefiado por Raúl Bragança.

Talvez não seja abusivo considerar, no entanto, que alguma coisa começou a mudar. Com o correr dos anos começaram a tornar--se evidentes, para os santomenses mais atentos, os benefícios da

---

[161] Num processo rocambolesco, Pinto da Costa destronou Carlos Graça como candidato do MLSTP e confrontou Miguel Trovoada, que até tarde se manteve discreto no que dizia respeito à sua própria eventual recandidatura ao cargo máximo do país. A primeira volta decorreu com menos incidentes que a segunda, em que contra-cenaram Trovoada e Pinto da Costa. Mas ambas foram marcadas por um crescendo de insultos e injúrias pessoais e por encenações de actos de violência política prontamente imputados ao adversário (vd. G. Seibert, *op. cit.*: 409-439). As agressões verbais e indirectas foram substituídas por uma confrontação mais directa uma vez anunciada a vitória de Miguel Trovoada, prontamente impugnada por Pinto da Costa com acusações de irregularidades que teriam influenciado o resultado do escrutínio e de outras, que se prenderiam com o não cumprimento de regras e prazos no anúncio da vitória. Perante uma organização judiciária dividida e incapaz por isso mesmo de resolver o diferendo, Pinto da Costa, invocando o "interesse nacional", "democraticidade" e "tolerância", desistiu de fazer frente à re-eleição de Trovoada e resignou-se à recondução deste ao cargo presidencial.

coesão e organização internas dos partidos políticos; e, bem assim, o nível logrado de implantação local dessas formações. No ano de 1999, realizaram-se em S. Tomé e Príncipe as terceiras eleições legislativas, vencidas de novo (mas desta feita com maioria absoluta) pelo MLSTP-PSD, partido esse que indicou o nome de Guilherme Posser da Costa para a chefia do Governo.

Deu-se deste modo início a um novo período de coabitação truculenta entre o MLSTP e o Presidente Miguel Trovoada. Às tensões político-ideológicas acrescentavam-se outras, mais pessoais. A ligação não foi sempre como conviria a ambas as partes. Mas o relacionamento lá foi sobrevivendo. Este Governo, apesar da difícil relação que entreteve com o então Presidente, manteve-se no poder até 2001. Foi demitido, pelo actual Presidente Fradique de Menezes, quando faltavam apenas 6 meses para se completar a legislatura para que tinha sido sufragado.

Em Julho de 2001, com a saída da Presidência da República de Miguel Trovoada (o qual, de acordo com a Constituição, não podia candidatar-se a um terceiro mandato presidencial), cinco candidatos lançaram-se na disputa eleitoral presidencial: Pinto da Costa, Fradique de Menezes, Carlos Tiny, Victor Monteiro e Francisco Fortunato Pires. Fradique de Menezes, o candidato apoiado pelo Presidente cessante [162], viria a ganhar este acto eleitoral logo na primeira volta das eleições, tendo obtido mais de metade dos votos expressos nas urnas. O novo Presidente da República era (antes de assumir a chefia do Estado nas ilhas) um empresário com alguns meios próprios. A sua vitória foi, para muitos dos membros das elites santomenses, vivida como uma surpresa.

---

[162] De referir que até muito perto do acto eleitoral, Miguel Trovoada teve o maior cuidado em não fornecer ao eleitorado qualquer indicação de voto, afirmando-nos em conversa pessoal, considerar que fazê-lo seria menos democrático que manter uma postura de isenção e equidistância. Quando finalmente apoiou Fradique de Menezes, a sua "benção" a esse candidato relativamente desconhecido veio a tornar-se decisiva. Pelo caminho ficaram, mais uma vez, as esperanças do antigo Presidente, Manuel Pinto da Costa, num regresso ao poder.

O tempo, para o novo Presidente da República de S. Tomé e Príncipe, era claramente de mudança. Mas o litígio constitucional muito cedo desencadeado pela atitude voluntarista que assumiu não foi estruturalmente muito diferente dos anteriores. Em Outubro do mesmo ano, após ter solicitado que o Primeiro Ministro, Guilherme Posser da Costa, pusesse o seu lugar à disposição, e depois de este o ter feito, Fradique de Menezes, o novo Presidente da República, demitiu o Governo e formou um Governo de sua iniciativa, chefiado por Evaristo de Carvalho [163]. A medida não resultou, ou pelo menos parece não ter surtido os efeitos desejados. Em Dezembro, sem sequer esperar que o Governo de iniciativa presidencial apresentasse o seu programa ao Parlamento, o recém-eleito Presidente dissolveu a Assembleia e, a pedido de todas as forças partidárias do arquipélago, antecipou as eleições para Março de 2002, solicitando ao eleitorado santomense uma clarificação da situação política. A razão que para isso aduziu foi a mesma que tinha antes utilizado para a "demissão" do Primeiro Ministro do MLSTP, Posser da Costa: a alegação de que a maioria que lhe fora concedida à primeira e única volta do sufrágio presidencial demonstrava uma vontade clara de mudança da parte dos eleitores do arquipélago.

Estas recentes eleições, as últimas que o país conheceu até a data de redacção deste Relatório (finais de Abril de 2002), deram origem uma mudança significativa nos cenários políticos em S. Tomé. O que parece ter resultado foi mais do que uma alteração a nível da distribuição de forças político-partidárias: terá sido uma modificação no seu tipo de relacionamento. Concorreram a estas mais recentes eleições o MLSTP-PSD, a coligação MDFM-PCD (uma coligação recém-criada, constituída sob o impulso do actual Presidente), a coligação "Ué Quedadji", liderada pelo ADI, e numerosos outros pequenos partidos avulsos.

Com efeito, apesar das mudanças nos elencos, mais uma vez se não tratou de uma reviravolta muito radical, nem no que toca aos

---

[163] Note-se que o MLSTP dispunha na altura de uma maioria parlamentar absoluta.

resultados do escrutínio, nem na conjuntura política geral no arquipélago. Mas alguma progressão se parece ter verificado. Implantação local e coerência organizacional tornaram a revelar-se como as duas faces de uma receita imbatível. Apesar de ter perdido a maioria absoluta, e após um processo eleitoral conturbado, o MLSTP ganhou novamente estas eleições legislativas, desta vez contra duas grandes coligações entretanto para o efeito formadas. O MLSTP conseguiu nas urnas assegurar 25 mandatos ao parlamento; o MDFM-PCD, 24; a coligação "Ué Quedadji" obteve apenas 6. Com base num acordo entre estas três formações parlamentares, tomou posse, a 6 de Abril do presente ano de 2002, um Governo de "base alargada" chefiado por Gabriel Costa, até então Embaixador de S. Tomé e Príncipe em Portugal.

Estas são, em suma, as linhas gerais das algumas das manifestações partidário-institucionais mais importantes da política santomense na 2.ª República. Após esta breve descrição da segunda e mais próxima evolução da política pós-colonial, torna-se agora possível enunciar três características que lhe são transversais, três traços distintivos que (pese embora alguma aparente tendência para uma certa estabilização progressiva) têm vindo a acentuar os contornos da esfera político-constitucional santomense. Vale a pena enunciá--los.

Por um lado, assiste-se a uma marcada instabilidade política, um desequilíbrio cíclico (talvez a melhor descrição seja a de um equilíbrio instável) que originou crises governativas profundas, e que deu corpo a mudanças abruptas e democraticamente imprevistas de Chefes de Governo, dissoluções repentinas da Assembleia, um perigoso levantamento militar, conflitos institucionais, etc.. Em suma e numa palavra: a nível político "formal", têm-se vivido na 2.ª República santomense eclosões múltiplas que impediram a criação de um clima de paz pública que permitisse o desenvolvimento económico-social do país.

Por outro lado, assiste-se em S. Tomé e Príncipe a uma fulanização constante e sistemática dos processos políticos. No arquipélago, as questões pessoais dominaram sempre a senda política, sobrepondo-se às questões públicas, institucionais ou formais, ferindo ou enfraquecendo incontestavelmente uma eventual acção com "sentido de Estado". Desta perspectiva, destaca-se, sobretudo, o confronto político-social recorrente entre Miguel Trovoada e Pinto da Costa; um litígio cuja retoma constante de facto marcou todo o panorama político do país (e fê-lo desde a independência e até muito recentemente [164]). Mas é também de salientar a rica coreografia de constante criação e recriação de entidades político-partidárias e forças activas nas arenas formais e informais do arquipélago, sob a égide de personalidades (regra geral membros das elites tradicionais locais [165]) dotadas de marcado poder carismático e por isso com uma notável capacidade de mobilização popular.

Por ainda outro lado, e em terceiro e último lugar, assistimos em S. Tomé e Príncipe a uma relativa hegemonia, difícil de abalar e patente sobretudo a nível local e autárquico, do antigo partido único da 1.ª República, o (comparativamente) muito bem organizado MLSTP. As racionalizações abundam, no arquipélago, para esta surpreendente capacidade de sobrevivência que a todos entra pelos olhos dentro; mas trata-se de um facto que quase todos têm dificuldade em compreender e em explicar: é curioso, com efeito, que os santomenses tanto empenho tenham tido em exorcisar um regime, para depois continuarem a manter sistematicamente aberta a porta por onde a tentação de uma sua restauração (levada a cabo, ademais, com as mesmas faces) ameaça esgueirar-se [166].

---

[164] Esta curiosa "bipolaridade personalizada" teve porventura o seu canto de cisne com a chegada ao poder do actual presidente Fradique de Menezes e com a sua rápida cristalização nos panoramas políticos de S. Tomé e Príncipe.

[165] Gerhard Seibert (*op. cit.*: 439-484), levou a cabo um estudo minucioso das relações de patrocinato e clientelismo políticos (para além de um esboço minucioso e impressionante no seu alcance, das relações de parentesco) entre as várias personagens (na sua larga maioria membros das elites "forras" dos ilhéus santomenses) que se movem nos palcos políticos do arquipélago. Regressaremos a este ponto crucial.

[166] Ponto que iremos desenvolver na última parte deste Relatório.

Nas secções que se seguem nesta terceira parte deste Relatório, abordaremos algumas das questões que suscita a progressão da história política da 2.ª República em S. Tomé e Príncipe. O enfoque estará firmemente nos litígios constitucionais tão característicos da 2.ª República: não, evidentemente, por os considerarmos como *causas* da instabilidade política sentida, mas visto se tratar de *sintomas* dela, e sintomas de particular interesse para o presente estudo. Para melhor o lograr, afloraremos, um a um e também no seu inter-relacionamento, os três traços distintivos que enunciámos. Em congruência com aquilo que levámos a cabo nas duas partes precedentes, manteremos sempre na linha da frente das preocupações que vamos tentando equacionar os múltiplos mecanismos de legitimação política que, no arquipélago, subtendem o funcionamento do sistema.

5. A CONSTITUIÇÃO SANTOMENSE: O "CORPO" E A "ALMA" DO SISTEMA DE GOVERNO

Um dos principais focos de problemas político-constituiconais de S. Tomé e Príncipe prende-se com a distribuição dos poderes pelos diversos órgãos de soberania consagrados na constituição, *maxime* entre a Assembleia Nacional, o Governo e o Presidente da República; bem como com o modo de relacionamento entre estes órgãos. Em nossa opinião, os problemas cíclicos que daí advêm não são compreensíveis senão no contexto do figurino constitucional de distribuição de poderes adoptado nas ilhas desde o início da 2.ª República. Desta perspectiva, é de particular interesse, a nosso ver, o recorte constitucional que diz respeito ao sistema de Governo, visto ser isso o que está no cerne dos problemas político-constitucionais que têm vindo a ocorrer.

Podemos asseverá-lo pela positiva. Uma plena compreensão do sistema de Governo e a natureza agonística do relacionamento pessoal entre os vários actores políticos, tão típico dos cenários políticos no país, são o que melhor nos permite explicar grande

Parte III – Os Confl. Pol.-Constitu. na Democ. Santomense   139

parte dos litígios político-constitucionais existentes. Mais: num contexto sociocultural como o santomense, o sistema de Governo tal como está configurado na Constituição Política proporciona, positivamente, a existência de conflitos latentes [167].

No que se segue, entendemos por sistema de Governo, em termos jurídico-formais e por mera conveniência analítica, o modo de organizar o poder político e o modo como se relacionam os órgãos que detêm o poder num determinado país [168] [169].

A Constituição Política de S. Tomé e Príncipe adoptou um sistema de Governo semipresidencial [170]. Embora inspirada na Constituição da República Portuguesa, neste aspecto a Constituição Política santomense aproximou-se mais da actual Constituição Francesa, uma vez que consagrou na ordem político-jurídica formal do Estado, de um semipresidencialismo de pendor presidencial [171] [172].

Note-se que, por natureza, o sistema semipresidencialista tanto pode dar origem a uma situação de predominância presidencial ou governativa, dependendo a distinção do jogo simultâneo das maiorias parlamentares, da posição do Presidente em relação à maioria parla-

---

[167] Cfr *infra*.

[168] Para uma noção mais aprofundada de sistema de Governos e da sua tipologia, cfr. Jorge Miranda, *Manual de Direito Constitucional* (1997), tomo 1, e J. Gomes Canotilho (2002), *Direito Constitucional e Teoria da Constituição*.

[169] Para uma distinção em relação às figuras afins cfr Armando M. Marques Guedes (1978).

[170] Dentro da doutrina nacional ver, por todos, Armando M. Marques Guedes (1978) e J. Gomes Canotilho, *op. cit..* Entre os autores estrangeiros *v.* por todos Maurice Duverger (1978).

[171] No mesmo sentido, Jorge Bacelar Gouveia, em discurso proferido na Assembleia Nacional, a 22 de Agosto de 2000, quando da cerimónia comemorativa dos 10 anos da actual Constituição de S. Tomé e Príncipe.

[172] Em sentido aparentemente divergente, cfr Vital Moreira (1992), *op. cit..* O autor considera haver em S. Tomé e Príncipe um semi-presidencialismo com pendor presidencial, mas coloca tal sistema, não a par do francês, mas entre o francês e o português. Ver também a discussão incluída na monografia de Carlos Araújo (2000).

mentar em cada momento e conjuntura existente e, quando o Presidente e o Primeiro-Ministro são da mesma cor partidária, da posição e influência de cada um dentro do partido que partilham. Mas certos sistemas de Governo semipresidenciais, como o sistema de Governo na Constituição Francesa e na Constituição Política de S. Tomé e Príncipe, contêm elementos que, independentemente das vicissitudes acima enunciadas, conferem ao Presidente um protagonismo *dentro*, no interior, do "jogo" político [173].

Será este o caso no arquipélago desde a instauração da 2.ª República. Onde é que podemos encontrar, no texto fundamental santomense, características que nos permitam afirmar a existência de um "presidencialismo de pendor presidencial"? Em S. Tomé e Príncipe vive-se um semipresidencialismo de pendor presidencial pelos seguintes motivos:

(i) primeiro, porque compete ao Presidente "dirigir a política externa" (art. 76.º al.b)) e dirigir a "política de defesa e segurança" (art. 76.º al.c));

(ii) segundo, porque o Presidente tem o poder de presidir ao Conselho de Ministros "sempre que o entenda" (art. 76.º al.i)) [174].

---

[173] Maurice Duverger afirmou, famosamente, que, no sistema semipresidencial, existe como que uma "águia com duas cabeças" (referindo-se à posição de bicefalia em que nele convivem o Chefe de Estado e o Chefe de Governo). Essa bicefalia tende a não ser fácil de gerir. Tal é particularmente verdade naqueles casos em que, para manter a imagem de Duverger, uma das águia tem o bico mais afiado do que o da outra; é aquilo que se verifica, por exemplo, em situações de semipresidencialismo de pendor presidencial como aquele que vigora em S. Tomé e Príncipe.

[174] Note-se, no entanto, que a Constituição Política não esclarece o sentido e alcance desta norma. Ilustremos a nossa afirmação. A Constituição angolana prevê o mesmo mecanismo, determinando, no seu art. 66.º, que o Presidente da República, para além de conduzir os trabalhos, determina a agenda do Conselho de Ministros e marca as reuniões do mesmo. Somos de opinião que tal entendimento não deve ser transposto automaticamente, sem uma profunda e ponderada análise prévia, já que, ao contrário da lei fundamental de S. Tomé,

(iii) E terceiro, porque em consequência da conjugação dos demais poderes presidenciais (o poder de dissolver a Assembleia[175], o de demitir o Primeiro-Ministro [176], o poder discricionário de nomear o Pimeiro-Ministro [177], o direito de recusar nomes propostos pelo Primeiro-Ministro como restantes membros do Governo [178], o poder de dirigir mensagens à Assembleia Nacional [179], o poder de convocar extraordinariamente a Assembleia Nacional [180], e o poder de veto político absoluto sobre os diplomas do Governo [181]), é possível afirmar que o Presidente de S. Tomé e Príncipe partilha, com o Governo, a função governativa. Mas a "função governativa" que lhe cabe não se sobrepõe, note-se, à do Governo, sendo dela apenas complementar [182].

Para usar uma metáfora, é este o "corpo" daquilo a que chamámos o sistema de Governo santomense. É a existência de tais

---

o texto constitucional angolano coloca a chefia do Governo nas "mãos" do Presidente, sendo este o chefe de Estado e de Governo. Urge, por conseguinte, clarificar este "impasse" interpretativo numa futura revisão do texto constitucional. Voltaremos a este ponto no último dos anexos deste Relatório.

[175] Art.76.º al.o).
[176] Art.76.º al.g).
[177] Art.76.º al.g).
[178] Art.76.º al.h).
[179] Art.76.º al.f).
[180] Art.76.º al.e).
[181] Art.76.º al.m) e art. 77.º.
[182] Sejamos claros. Ao estabelecer este recorte constitucional, o legislador constituinte deveria ter apurado a técnica constitucional, de modo a delimitar com clareza as funções de cada órgão do poder político. Deveria ter dissipado as incertezas e concretizado melhor alguns dos institutos constitucionais que desenhou. Não o tendo feito, abriu portas a dúvidas de interpretação e quanto ao exercício de poderes constitucionais, *maxime* os concernentes à partilha da função governativa. Não havendo regras claras e precisas é necessário partir em busca da "magia do texto constitucional" (como nos foi dito pelo Presidente Miguel Trovoada, na audiência que nos foi concedida no Palácio Presidencial), com todos os perigos que isso acarreta.

órgãos, detendo tais poderes, e relacionados de acordo com um determinado padrão, que nos permite identificar o "corpo" do sistema de governo. Todavia, dir-se-á, no intuito de manter a correspondência metafórica que escolhemos e para o fazer com algum idealismo, que para que um "corpo" ganhe vida é preciso identificar a "alma" que o sustenta. O sistema de Governo também tem por isso que ter uma "alma". Esta é formada pelas personalidades que ocupam os cargos políticos, e em particular tendo em mente a maneira efectiva como os ocupam e na prática se relacionam umas com as outras.

Uma vez isto apurado, trata-se portanto, se quisermos tornar inteligível a operação do sistema, de analisar a forma como cada uma destas personalidades encara o poder e a política em geral, o modo e a forma concreta do exercício do poder. Não em termos subjectivos, mas antes objectivos. O semipresidencialismo pressupõe uma concertação política permanente para se atingir a Boa Governação. É preciso um bom entendimento entre as diversas "almas" (se nos é permitido um "desvio místico") que compõem o sistema, já que um desentendimento constante entre elas pode fazer perigar a "vida" do mesmo.

Chegados a este ponto, cabe-nos por isso agora analisar e ilustrar a prática político-constitucional em S. Tomé e Príncipe, sobretudo no que respeita aos litígios constitucionais que emergiram. Tentaremos, sempre que possível, ilustrar a nossa exposição com alusão pormenorizada aos casos desses conflitos que marcaram a actividade política no período da 2.ª República.

5.1. DA CONSTITUIÇÃO SANTOMENSE PARA OS CONFLITOS POLÍTICO-CONSTITUCIONAIS

A ausência de regras claras e precisas têm-se associado a divergências no exercício de poderes políticos (isto é, a imperfeição do "corpo" tem potenciado as incompatibilidades das "almas") deram azo, em S. Tomé e Príncipe, na última dezena de anos, a vários litígios político-constitucionais graves. Podemos aventar hipóteses

Parte III – Os Confl. Pol.-Constitu. na Democ. Santomense 143

mais ou menos plausíveis para as suas causas de fundo; mas não restam dúvidas que se encontram na Constituição em vigor motivos que os propiciam. Dedicaremos os próximos parágrafos desta secção do nosso Relatório a ilustrar, um a um [183], estes conflitos.

Caso 1

A 22 de Abril de 1992 o Presidente Miguel Trovoada demitiu o Primeiro-Ministro, Daniel Daio, do Governo formado pelo PCD, como vimos o partido vencedor das primeiras eleições livres em S. Tomé e Príncipe. O agravar pontual da crise económico-social, em virtude da aplicação dos princípios de desenvolvimento social e económico exigidos pelo Fundo Monetário Internacional e pelo Banco Mundial, desencadearam uma onda indignada de protestos na sociedade santomense. A reacção de Trovoada foi imediata: terá sido em resposta a isso, como foi então alegado, que o Presidente santomense demitiu o Primeiro-Ministro [184]. O fundamento invocado foi "a necessidade de se acabar com a instabilidade política e de se repor o normal funcionamento das instituições". O descontentamento popular desceu de tom, mas não se calou.

---

[183] A reconstituição pormenorizada de cada um destes casos envolveu esforços de vários tipos. Por um lado, leituras de notícias em jornais (em S. Tomé e em Portugal), bem como de artigos de opinião publicados na época. Mas por outro lado, foi por vezes imprescindível completar imagens e detalhar minudências em conversas com alguns dos protagonistas neles envolvidos. Não queremos deixar de aqui agradecer a disponibilidade para connosco longamente rememoriar acontecimentos, involuções e alegações, de Miguel Trovoada, Francisco Fortunato Pires, Armando M. Marques Guedes (que encabeçou uma das missões de "intermediação", a relativa ao *Caso 1*, a seguir a exercer funções, para que fora eleito, de primeiro Presidente do Tribunal Constitucional português) e Jorge Miranda, três dos personagens-chave dos dois primeiros casos.

[184] Ver Gerhard Seibert (2001: e.g. 396-437), para outras razões que terão estado na génese da atitude de M. Trovoada. Para mais pormenores relativamente à *petite histoire* política da 2.ª República, é utilíssima a leitura deste estudo de Seibert.

144   *Litígios e Legitimação*

A 16 de Maio Norberto Costa Alegre foi nomeado e empossado Chefe de Governo pelo Presidente Miguel Trovoada. Iniciou-se um novo período de coabitação, que não durou muito tempo.

Em 1994, como vimos, uma nova crise de proporções maiores abalou os alicerces da então muitíssimo jovem democracia santomense. Este conflito nasceu de uma divergência, mais programática e menos genérica, entre o Governo e o Presidente, uma clivagem relativa à política governamental económico-financeira. O pano de fundo de protestos mantinha-se.

Nas suas tentativas de gerir a situação e de aplicar as receitas exigidas, o Governo aprovou, como órgão competente para "conduzir a política geral do País" (art. 96.º da Constituição Política), um conjunto de diplomas legais que diziam respeito à gestão orçamental.

O Presidente da República, ao abrigo do art. 76.º al. m) e art. 77.º do texto fundamental, vetou os diplomas governamentais. Tratava-se de uma intervenção com a natureza de uma clara interferência na orientação e condução da política governamental; intervenção e interferência essas inteiramente legítimas (no sentido de estarem de acordo com a Constituição) segundo o entendimento do Presidente da República. Foram as seguintes as palavras do Presidente Trovoada quando do estalar desta segunda fase da crise: "...concordei com a existência de organizações autónomas para a promoção de certos financiamentos. O que vetei foi a criação de fundos dirigidos directamente pelo gabinete do Primeiro-Ministro e sob a sua tutela. Foi a falta de transparência". Mais, continuou o Presidente Trovoada com alguma mordacidade "...as taxas de juro devem ser iguais para todos os cidadãos. Não pode ser o Primeiro--Ministro a fixá-las, com um director executivo que, por acaso, até era a sua mulher. Quero transparência na coisa pública"[185].

Os termos em que estes *volte-faces* foram retratados eram reveladores. Para o Governo, para além de excessiva, a intervenção

---

[185] Miguel Trovoada em entrevista concedida ao Jornal *Público,* Portugal, 17 de Julho de 1994.

do Presidente ultrapassara os poderes que a Constituição lhe confere. Por isso, a actuação do Chefe de Estado violava o texto fundamental. Em consequência, um despacho do Primeiro Ministro pretendeu "anular" o diploma presidencial e "declará-lo inconstitucional".

A situação de crise agravou-se, mas tornou-se também mais específica. O Presidente da República entendeu que actuara no âmbito dos seus poderes constitucionais; e sustentou, ainda, que a Assembleia Nacional (e não o Primeiro-Ministro ou o Governo) só teria competência para declarar a inconstitucionalidade das suas próprias leis e dos diplomas governamentais, mas nunca a de um Decreto Presidencial.

Os acontecimentos precipitaram-se em catadupa. O Primeiro--Ministro, Norberto Costa Alegre, foi demitido. Foi nomeado um Governo de iniciativa Presidencial. A Assembleia Nacional foi dissolvida a 10 de Julho de 1994. Eleições legislativas foram marcadas para 2 de Outubro do mesmo ano. O clima de turbulência foi amainando.

Caso 2
Uma polémica, desta vez, em torno da vacatura do cargo presidencial.

Em meados de 1996 (e na sequência dos acontecimentos delineados no Caso anterior), o Presidente da Assembleia Nacional pretendia ocupar o cargo de Chefe de Estado enquanto não se realizassem as novas eleições presidenciais e até ter lugar uma nova tomada de posse. O Presidente da República defendeu que deveria ele próprio manter o cargo até às novas eleições, nas quais seria mais uma vez candidato.

Alguns juristas portugueses, na sequência desta posição do Presidente da República, pronunciaram-se casualmente sobre o assunto na comunicação social portuguesa [186]. As opiniões formula-

---

[186] Nomeadamente Marcelo Rebelo de Sousa, em comentário na Rádio portuguesa.

das parecem ter sido unânimes: os constitucionalistas deram a entender que, mais uma vez neste conflito, a razão e o direito estavam do lado do Presidente da República.

Em S. Tomé e Príncipe, o ambiente político-social re-aqueceu: em círculos próximos do poder e das oposições discutiu-se aberta e insistentemente a possibilidade de uma nova dissolução da Assembleia Nacional. Ao que tudo indica tendo em conta a opinião informal de jurisconsultos portugueses, ventilada por meios de comunicação social e abundantemente esgrimida no arquipélago, a questão foi resolvida pacificamente. Miguel Trovoada manteve-se na presidência até à sua reeleição.

Caso 3 [187]

Depois de dois mandatos sucessivos de Miguel Trovoada, e tal como vimos não podendo este recandidatar-se, Fradique de Menezes foi eleito para a chefia da Presidência da República em Julho de 2001. Fradique de Menezes assumiu o cargo e sentiu-se legitimado para mais. Na sequência da sua expressiva vitória, o novo Presidente alegou que a mesma implicara "um juízo de reprovação" popular em relação à política seguida pelo MLSTP. Este partido tinha apresentado como candidato presidencial o líder do partido e ex-Presidente Pinto da Costa, tendo este sido derrotado.

O primeiro movimento coube a Fradique de Menezes. O Presidente convidou o Primeiro-Ministro a colocar o seu lugar à disposição. Em resposta, Posser da Costa anuiu, fazendo-o, mas solicitando ao Presidente uma manifestação de confiança política materializada numa sua recondução ao cargo.

Fradique de Menezes aparentemente não concordou. E em consequência Presidente e partido do Governo ficaram de candeias

---

[187] Um quarto litígio, de menores proporções e mais fácil resolução, mediou entre estes dois, e envolveu um diferendo entre o Presidente e o Governo no que diz respeito ao reconhecimento de Taiwan (a que o Presidente era favorável).

Parte III – Os Confl. Pol.-Constitu. na Democ. Santomense   147

às avessas. Seguiram-se sucessivos desentendimentos com o MLSTP na escolha de um Chefe de Governo alternativo. Sem solução à vista, a situação depressa se tornou insustentável. A breve trecho, agastado, o Presidente da República resolveu formar um Governo de sua própria iniciativa (uma possibilidade que a Constituição lhe confere), o que acabou por fazer em Setembro de 2001. Este executivo de iniciativa presidencial manteve-se em funções por um período aproximado de 5 meses. Não teve grande sucesso: durante este período o executivo não apresentou o seu programa de Governo ao Parlamento.

5.2. A NATUREZA DA RESOLUÇÃO/PROCESSAMENTO DE CONFLITOS EM S. TOMÉ E PRÍNCIPE. A INEXISTÊNCIA DE INSTÂNCIAS (OBJECTIVAS E SUBJECTIVAS) JURÍDICAS DE RESOLUÇÃO DE CONFLITOS POLÍTICO-CONSTITUCIONAIS

5.2.1. *INSTÂNCIAS OBJECTIVAS*

Com o intuito de tornarmos clara a origem e a natureza dos conflitos político-constitucionais em S. Tomé e Príncipe, importa analisar, ainda que de forma leve e breve, a natureza da forma da sua resolução/processamento.

Como já tivemos a oportunidade de referir, em S. Tomé e Príncipe não existe um Tribunal Constitucional para a eventual fiscalização dos actos políticos e normativos dos órgãos detentores do poder político. A ausência de tal instância jurisdicional resultará [188], na opinião dos santomenses com quem conversámos sobre

---

[188] E ainda que (e este ponto é fundamental) seja genericamente aceite entre as elites santomenses a necessidade de criar no arquipélago uma instância (variando depois as opiniões existentes quanto à sua natureza) que permita dirimir litígios constitucionais.

o tema, de três factores, constituindo todos eles para ela causas bastantes plausíveis:

(i) insuficiência de recursos humanos qualificados;
(ii) insuficiência de meios financeiros;
(iii) receio de politização de um tribunal, uma vez que a democracia ainda está a dar os seus primeiros passos em S. Tomé e Príncipe.

Se a opção da não criação de um tribunal deste tipo nas ilhas nos parece defensável por uma ou várias dessas razões, já não podemos acompanhar aqueles que, na prática, defendem a manutenção das coisas tal como estão. Pelo contrário, ela parece-nos perigosa.

E isso porque não existe em S. Tomé e Príncipe nenhuma instância jurisdicional autónoma que assegure uma efectiva fiscalização da constitucionalidade. É verdade que se poderia ter optado por atribuir tal competência a uma secção autónoma do Supremo (tal como, por exemplo, e como vimos, se passa em Cabo Verde); mas até a data esta solução não foi seguida. Nos termos do art. 111.º da Constituição, é a Assembleia Nacional que detém o poder de fiscalização da constitucionalidade, mas dentro de determinados limites e sob determinadas condições. É necessário que os tribunais remetam a questão da inconstitucionalidade, levantada por sua iniciativa, pela iniciativa do Ministério Público ou por qualquer das partes, para a Assembleia Nacional e que esta, antes de decidir, admita a questão da inconstitucionalidade [189]. Não é líquido que a Assembleia Nacional santomense possa dirimir conflitos entre o Presidente da República e o Governo, apesar de a Constituição, para balancear os poderes, prudentemente exigir que o Presidente da República tome posse na Assembleia Nacional. A questão da eventual competência da Assembleia santomense para o fazer é

---

[189] Este artigo da Constituição suscita várias dúvidas de interpretação e tem vindo a ser contestado pelas mais altas autoridades do país.

duvidosa; mas, na história política recente do país, teve resposta "jurisprudencial", como mais adiante veremos.

Em suma e numa palavra: se os litígios político-constitucionais já são graves pela sua natureza, mais graves ainda se tornam não havendo qualquer instância jurisdicional de resolução/processamento que deles se encarregue. Isto mesmo foi ilustrado nos *Casos 1 e 3*. Em ambas as situações o Presidente da República de S. Tomé e Príncipe demitiu um Chefe de Governo que era apoiado por uma maioria parlamentar absoluta, formando, de seguida, um Governo de iniciativa presidencial. Em ambos os casos, apesar de estarmos face a fortes clivagens institucionais, não se pode afirmar peremptoriamente que se tratasse de situações que pusessem em perigo o *normal funcionamento das instituições democráticas* no arquipélago, ou sequer perante uma *situação de grave crise política*. E sendo estas as condições normais (até do ponto de vista do Direito Comparado) para a demissão do Primeiro-Ministro e substituição de um elenco governativo por outro (ainda que de iniciativa presidencial), não é de fácil compreensão a legitimidade da atitude do Presidente santomense nos casos referidos.

Não deixa, porém, de haver um problema real de omissão. Se a Assembleia Nacional de S. Tomé e Príncipe não tinha (como ainda não tem) poderes de fiscalização da norma que estiver em causa (no caso um Decreto Presidencial), como se poderá então fiscalizar a actuação do Presidente da República nestes casos? Não havendo uma instância jurisdicional que possa sindicar tais actuações, apenas o juramento prestado pelo Chefe de Estado à Constituição, o bom senso político e a vontade expressa do povo poderão servir de guia para o bom exercício dos poderes presidenciais. Há assim no arquipélago uma nítida carência de instâncias objectivas para a resolução de pelo menos alguns dos problemas mais complexos e importantes da "saúde democrática" da 2.ª República.

5.2.2. *INSTÂNCIAS SUBJECTIVAS*

Entendemos aqui por instâncias subjectivas de resolução de conflitos o conjunto de juristas e outros especialistas em determinada matéria (para o caso, Direito Constitucional e porventura Ciência Política) que de forma independente e utilizando os seus conhecimentos, têm dado pareceres interpretativos de textos normativos (no caso, a Constituição santomense e outros textos para-constitucionais).

Em S. Tomé e Príncipe residem juristas santomenses de grande qualidade intelectual e científica que, *prima facie*, poderiam elaborar tais pareceres interpretativos em matéria constitucional. Mas em virtude da marcada partidarização da vida social, esses juristas encontram-se, na sua maioria, conotados com uma determinada "côr" partidária, o que lhes retira (parece ser essa a opinião geral dos santomenses) "legitimidade" e independência para poderem ser olhados como instâncias subjectivas de resolução de conflitos. Na ausência de tais instâncias, como resolver os litígios? É o que veremos em seguida.

5.2.3. *NATUREZA POLÍTICA DA RESOLUÇÃO DE CONFLITOS CONSTITUCIONAIS EM S. TOMÉ E PRÍNCIPE: É O DIREITO RELEVANTE?*

Qualquer litígio político-constitucional, tal como aliás o seu próprio nome indica, contém em si mesmo uma elevada carga política. Por conseguinte, a resolução destes conflitos passa inevitavelmente por uma solução política. No *Caso 2*, a solução foi resolvida politicamente, apesar de alguns especialistas (portugueses) em Direito terem opinado sobre a situação. O Presidente da República de S. Tomé e Príncipe, através do diálogo político, resolveu a questão em termos institucionais com a Assembleia Nacional e directamente com o Presidente da Assembleia, Dr. Francisco Fortunato Pires.

No *Caso 1*, a situação assumiu, como já vimos, proporções de elevada e potencialmente perigosa instabilidade política, pondo em causa o normal funcionamento das instituições democráticas. Contudo, apesar desse clima de forte instabilidade e conflitualidade política, podemos afirmar que a (aparente?) [190] pacificação ocorreu por via política. De facto, o diálogo, ainda que difícil, entre o Presidente da República, a Assembleia Nacional, o PCD e os restantes partidos políticos, bem como a omissão de certos comportamentos políticos por parte do PCD, foi sem dúvida aquilo que possibilitou a delineação de uma via para a estabilização política santomense. O mesmo, *mutatis mutandis*, quanto ao *Caso 3*.

Sendo assim, torna-se imperativo questionarmo-nos sobre a relevância do Direito na resolução dos conflitos em causa. A questão é pois: ainda é o Direito relevante? A resposta, apesar de hesitante, deverá ser positiva. Analisemos a sua fundamentação. A componente política na resolução de tais conflitos assume um carácter natural. De facto não se poderia compreender, nesta sede, a ausência da dimensão política. Mas podemos também encontrar uma dimensão jurídica na resolução dos conflitos em análise. Como e onde?

De uma forma curiosa. Ao recorrer-se (como foi o caso) a pareceres jurídicos produzidos por constitucionalistas portugueses [191], incorporou-se o jurídico na resolução dos conflitos político-constitucionais; ao chamá-los a formular e veicular uma opinião sobre as questões no centro dos conflitos, definindo por exemplo o desenho constitucional dos poderes dos diversos órgãos de soberania (no caso Assembleia Nacional, Governo e Presidente da República), como que existiu uma "legitimação" do político através do fenómeno jurídico. Note-se, porém, que existindo essa dimensão jurídica na resolução dos conflitos, esta não se manifesta em todo o caso de

---

[190] A interrogação encontra justificação nas páginas deste Relatório que especificamente se debruçam sobre este caso e os seguintes, já que em todos eles aquilo que parece estar em causa são os limites do poder presidencial.

[191] À parte o parecer publicado por Vital Moreira (listado na bibliografia final), não são públicos os estudos levados a cabo pelos vários juristas portugueses envolvidos. Repetimos aqui os nossos agradecimentos a Armando M. Marques Guedes e a Miguel Trovoada pelas conversas que connosco tiveram e que permitiram a sua reconstituição (confirmada com a totalidade daqueles com quem no arquipélago falámos sobre estes temas)

forma isolada, antes aparecendo imbricada com a dimensão política [192]. Apesar dos pareceres jurídicos produzidos por constitucionalistas portugueses não terem naturalmente em S. Tomé e Príncipe uma qualquer força vinculativa, eles trazem em todo o caso (e fazem-no de maneira intrinsecamente interessante) uma legitimidade acrescida às diversas opiniões dos actores políticos, contribuindo para um ambiente de pacificação.

E é intrinsecamente interessante o facto de que esta legitimidade tenha, ao que tudo indica, duas fontes. Em primeiro lugar, o facto de os pareceres decisivos serem enunciados em termos "jurídicos" e não em termos "políticos". Como se o "idioma" e o tipo de coerência normativa em causa fizessem a diferença para os diversos protagonistas envolvidos. Em segundo lugar, o facto de os pareceres serem enunciados por juristas portugueses e não por nacionais santomenses. Como se o estar (ou melhor, o ser tido como estando) acima da refrega política e, de algum modo "mais perto da fonte", desse aos primeiros uma credibilidade e por isso uma legitimidade acrescidas [193].

---

[192] A nossa conclusão mais abstracta é, como pode verificar-se, que a resolução dos conflitos político-constitucionais em S. Tomé e Príncipe apresenta assim, e mais uma vez de uma maneira não-trivial, um dupla natureza: política e jurídica. O Direito, por isso, ainda que apenas parcial e muitas vezes de forma indirecta, ainda é relevante no arquipélago. Poderá existir ainda uma outra relevância do jurídico nestes processos. Uma que seria curioso investigar. Fracassando a resolução política, haverá sempre a hipótese (pelo menos nocional) do recurso a uma intervenção dos tribunais. Ainda que para questões com elevada carga política (quaisquer que elas sejam), ao que sabemos os tribunais em S. Tomé tendam, por via de regra, a colocar muitos entraves a uma intervenção desse tipo. Se o fariam também no que diz respeito a conflitos constitucionais é coisa em relação à qual não podemos, senão, aventar hipóteses académicas. Além disso, actuando o poder judicial, não se sabe qual seria a sua "legitimidade" e força para executar decisões. As dúvidas justificam-se sobretudo pela ausência de um Tribunal Constitucional ou de uma secção constitucional no Supremo.

[193] O que remete efectivamente as questões para fora do âmbito do Direito Constitucional e porventura mesmo do do Direito. Com efeito, podemos

Parte III – Os Confl. Pol.-Constitu. na Democ. Santomense   153

Em suma e numa palavra: os conflitos constitucionais são em S. Tomé e Príncipe resolvidos politicamente mas são-no melhor se reforçados por uma dimensão jurídica. É verdade que isso também se verifica noutros Estados; mas no arquipélago o desenho da combinação entre esses dois factores é interessante. Essa solução compósita opera sobretudo (ou tem-no feito) através de pareceres jurídicos, opiniões de jurisconsultos respeitados que reforçam, quer a montante quer a jusante, a legitimidade das decisões eventualmente tomadas. Voltaremos às questões fundamentais que subjazem esta formulação no quarta e última parte deste Relatório.

---

considerar haver, como genericamente relevantes do ponto de vista do "Direito Político", três grandes dimensões de quaisquer litígios (ou outras questões) constitucionais: a textual, a factual e a normativa. Particularmente interessante no caso santomense é o facto de a normatividade em causa não ser claramente "jurídica" (visto não ser produzida por uma entidade "soberana", seja pelo Estado santomense, por um seu "Tribunal Constitucional", ou sequer por cidadãos nacionais do arquipélago). E que, para além de escolher privilegiar a essa normatividade "híbrida", os santomenses elejam recorrer à mediação de juristas da ex-potência colonial. A conjugação destes dois factos, por um lado, remete as interpretações textuais para um limbo "para-jurídico". E, por outro lado, torna a sua recepção (ainda que com o estatuto de "pareceres"), uma questão que remete para âmbitos sociológicos com curiosas vertentes históricas e culturais que seriam de fascinante exploração. Como diriam os estruturalistas, tudo se passa como se a ausência de instâncias objectivas ou subjectivas formais abrisse a porta à mediação informal de "autoridades" portuguesas tidas como particularmente aptas a dirimir litígios em âmbitos (os da separação de poderes no Estado, por exemplo) em que a antiga potência colonial é reputada como legítima visto, nomeadamente, se considerar esta terá neles uma maior *expertise* ou isenção.

5.3. TRÊS FOCOS DE PROBLEMAS POLÍTICO--CONSTITUCIONAIS: A OCIDENTALIZAÇÃO, O DESVIRTUAMENTO E AS PRÁTICAS CONSUE-TUDINÁRIAS ENVIESADAS

Antes de passar a uma retoma genérica dos temas tratados e às conclusões que deles foram extraídas, não nos queremos coibir de formular a nossa opinião relativamente aos litígios político-constitucionais que têm vindo a erodir o bom funcionamento da 2.ª República em S. Tomé e Príncipe. Nesta fase da nossa exposição relativamente à matéria da parte 3 do nosso Relatório, dispomos já de informações suficientes para, se não levar a cabo (propondo uma resposta de maneira final e conclusiva), pelo menos encetar uma análise das razões de fundo para a eclosão, aparentemente tão sistemática, de questões e diferendos que estão na base dos conflitos político-constitucionais. Uma análise que vai além tanto de leituras jurídico-constitucionais puras e depuradas como daquelas outras que se limitam a personalizar os motivos dos participantes. Já que nos parece que estas, ainda que possam ter algum fundamento, são perspectivas redutoras que, ao secundarizar a imbricação sociológica da vida constitucional no todo da vida sociocultural santomense, nos condenariam a pouco ou nada compreender quanto aos acontecimentos turbulentos que têm vindo a pontuar os processos políticos no arquipélago.

Os traços mais marcantes dos conflitos político-constitucionais santomenses são, segundo o nosso entendimento, três: (i) o fenómeno da ocidentalização do Direito Constitucional santomense, (ii) o desvirtuamento do texto originalmente previsto e (iii) as práticas constitucionais geradas pelos diversos actores "oficiais" da cena política do arquipélago.

Nos mesmos termos em que ouvimos esta expressão utilizada por numerosos santomenses (que repetidamente no-la lamentaram), entendemos por "ocidentalização" do Direito Constitucional o fenó-meno que se caracteriza pela importação das regras constitucionais vigentes nas democracias ocidentais, sem ter em atenção as particula-ridades da sociedade onde estas regras aspiram a vigorar; isto é, um

Parte III – Os Confl. Pol.-Constitu. na Democ. Santomense　　155

mecanismo cujo traço distintivo primordial se salda pela realização de transferências efectuadas ou levadas a cabo sem ter em conta o contexto sócio-político do "país de acolhimento". Foi precisamente isso o que aconteceu em S. Tomé e, em geral, nos países da África Central e Austral, em Estados onde as práticas tradicionais apontariam porventura para a preferência por um outro tipo de sistema, ou recorte, de normas constitucionais.

No arquipélago foi adoptado, em virtude da influência da Constituição Portuguesa de 1976, um sistema de Governo semipresidencialista; e foi-o mesmo quando a preferência tradicional da enorme maioria dos santomenses (ainda que talvez menos que em muitos outros casos de sociedades africanas da região) sugeria antes a adopção de um sistema onde a responsabilidade de representação e governação estivessem reunidas numa única personagem, a do Presidente da República. E, na prática, é precisamente isso o que muitas vezes tende a ser localmente presumido. Na realidade, quando o cidadão comum de S. Tomé e Príncipe tem um problema no seu dia-a-dia dirige-se não raramente ao Presidente da República, não entendendo – nem fazendo o mínimo esforço no sentido dessa compreensão, visto a ideia lhe ser culturalmente alheia – o facto de o Chefe de Estado por via de regra lhe afirmar que não tem poderes para resolver a sua pretensão [194].

Um segundo traço de marca tem por base aquilo que designamos por desvirtuamento da Constituição santomense, e será decerto aquele que menos interesse tem para este Relatório. A primeira versão original da Constituição, produzida em Lisboa para S. Tomé

---

[194] As preferências expressas (explícita e implicitamente) por todos os santomenses com quem trocámos impressões apontam efectivamente com veemência e nitidez para um sistema "presidencialista". Pressionado por esse género de responsabilização popular, o Presidente santomense (supomos, seja este quem seja) vê-se constantemente empurrado a invadir a esfera de actuação do Governo e, com isso, a provocar crises institucionais graves. Fá-lo tendo a vontade popular, na maioria dos casos, do seu lado.

e Príncipe [195], desenhou para o arquipélago, como já tivemos ocasião de referir, um sistema semi-presidencialista. Porventura por estar (erroneamente, como se veio a verificar) confiante numa vitória, o MLSTP, então ainda o partido único, alterou o texto daquela versão, reforçando os poderes presidenciais; e permitindo, em linhas gerais, que o Presidente partilhasse das funções governativas. O problema é aqui técnico-jurídico. E reside no facto de, a par destes "novos" poderes, não terem sido estabelecidos de maneira suficiente os imprescindíveis mecanismos de fiscalização, uma divisão minuciosa e enxuta de competências, bem como uma nova lógica de *checks and balances*.

Terminamos fazendo uma referência ao terceiro ponto focal que identificámos: o enviesamento das práticas. Qual o problema a nosso ver aqui em causa? A jusante das duas deficiências anteriores, foi-se moldando em S. Tomé e Príncipe uma prática constitucional que se tem traduzido num "baú" de conflitos e lutas institucionais e pessoais. Sem sombra de dúvida que poderão ser aventadas motivações de natureza mais personalizada como estando na origem dos litígios verificados. Mas uma análise que se ativesse a esses limites seria pobre. Ao longo do tempo, os diversos actores políticos da 2.ª República santomense foram invocando (com algum fundamento) a legitimidade das suas decisões e actuações com base nos precedentes criados pelos seus antecessores. Isto conduz-nos, uma vez mais, a mencionar o factor negativo da ausência de instâncias objectivas de resolução/processamento destes conflitos. Na ausência de tais mecanismos só uma futura (e, ao que apurámos, fortemente desejada) revisão constitucional poderá interromper as práticas reiteradas do passado mais· recente [196].

---

[195] Muito agradecemos ao Professor Doutor Jorge Miranda, autor dessa e de outras versões do texto constitucional santomense, por as ter gentilmente disponibilizado a um de nós (NT) e pelas reminiscências de pormenor generosamente partilhadas.

[196] Ver, em Anexo, uma proposta de várias ideias-força para uma futura revisão constitucional em S. Tomé e Príncipe, da autoria de um de nós (NT).

PARTE IV

A "SOCIEDADE", O "ESTADO", A LEGITIMIDADE E A LEGITIMAÇÃO. SUMÁRIO, RETOMA E CONCLUSÕES

Na quarta e última parte deste Relatório, iremos revisitar algumas das questões mais genéricas a que ao longo dele fomos fazendo referências avulsas. Em contraponto com o que tomámos como enfoque no Relatório elaborado quanto a Cabo Verde, logo de início insistimos que uma simples ponderação do pluralismo jurídico e jurisdicional não constituía de per si, no caso presente, o nosso objectivo central, embora nos debruçássemos sobre a complexidade do jurídico em S. Tomé e Príncipe (como, aliás e se bem que de outra forma, antes fora feito no que diz respeito a Cabo Verde). Mas não nos detivemos numa definição meramente negativa. Circunscrevemos, então, outra finalidade para este trabalho; a de tentar apurar coordenadas locais para aquilo que nos pareceu ser uma questão central em S. Tomé e Príncipe: a dos traços e mecanismos que constróem e sustentam a legitimidade do Estado.

No corpo deste Relatório, abordámo-lo de várias maneiras e segundo diversas perspectivas complementares. Nas partes substantivas precedentes tentámos cartografar tanto esses dispositivos quanto esses traços particulares. Temos nesta última parte como intuitos puxar os fios à meada que desfiámos e dar mais um passo nessa mesma direcção.

Em primeiro lugar, tentaremos fazer um apanhado das principais linhas de força da relação de interacção dialéctica, por nós tantas vezes sublinhada, entre o Estado e a sociedade santomense. Neste contexto, faremos sempre questão de salientar e pôr em evidência os antagonismos e as complementaridades manifestas *no interior* da sociedade santomense. Estes dois binómios estão interligados em várias das suas dimensões, o que também iremos tornar a ilustrar. É lugar comum insistir que, face a Estados deficitários em representatividade e por conseguinte pobres em legitimidade política [197], em muitas das sociedades africanas contemporâneas há pouca participação política dos cidadãos; e que nelas aquela que existe tende a ser levada a cabo pela via de canais informais. Como consequência tenderam a criar-se, um pouco por toda a África, situações de democraticidade dúbia, em que os vínculos de responsabilidade entre os Estados e as sociedades foram substituídos por relações hierárquicas de dependência e patrocinato. Tentaremos lançar alguma luz sobre as especificidades de processos deste tipo em S. Tomé e Príncipe e das implicações que esses nexos tiveram para o correr das coisas tanto na 1.ª como na 2.ª República.

Em seguida, arriscaremos alguns comentários relativamente à legitimidade local de muitos dos mecanismos paralelos e alternativos que aflorámos; e faremos também alusão aos esforços de legitimação que, de uma ou de outra forma, tanto têm caracterizado a acção do Estado em S. Tomé e Príncipe. Os traços distintivos, nas ilhas, desse relacionamento entre legitimidade e legitimação (uma dicotomia e uma relação a que regressaremos) parecem-nos de algum modo, senão semelhantes, pelo menos funcionalmente equivalentes

---

[197] Como sucede com uma boa parte dos Estados africanos pós-coloniais, e desses sobretudo aqueles que encetaram a sua operação sob a égide de partidos únicos e quanto aos quais é hábito salientar que muitas vezes descambaram para situações que têm sido apelidadas de "neo-patrimonialistas" ou "prebendárias". É útil, neste contexto, a leitura do estudo, hoje em dia clássico, de Jean François Bayard (1989) sobre estes Estados. Sem querer exagerar a utilidade de conceitos como estes, cuja "ambição explanatória" é porventura excessiva (visam, com efeito, servir de quadro para explicações que vão desde o porquê do subdesenvolvimento económico e político da África, à ineficácia das medidas de ajustamento estrutural preconizadas nos anos 80 pelas instituições de Bretton Woods, o FMI e o Banco Mundial, à morte inevitável dos processos de consolidação democrática no continente, etc. etc.), trata-se de um enquadramento conceptual de manifesta utilidade (como o demonstra o estudo monográfico sobre S. Tomé e Príncipe empreendido essencialmente nesses termos por G. Seibert), com a vantagem metodológica de o fazer nos termos de um plano metodológico relativamente unitário e coerente: trata-se, com efeito, de uma teoria.

àqueles que pressentimos terem sido aí desencadeados desde há muito; como se, no essencial, recapitulassem um papel já "tradicional". São traços distintivos que, no essencial, expressam a imbricação densa patente nas articulações entre Estado e sociedade, por um lado, e, por outro, são sintomas do relacionamento tenso existente entre as várias parcelas, muitas vezes antagónicas, da "sociedade civil" estabelecida no arquipélago. Nesse sentido, esforçamo-nos sempre por entrevê-los contra o pano de fundo de relações típicas de interacção que se têm vindo a prolongar, amplamente sustentadas em bases carismáticas (nas quais o lugar de membros das elites "forras" tem sido central), ancoradas em redes clientelares mais ou menos difusas marcadas por canais informais de produção de privilégios. Canais, aliás, como aqueles em que seguramente cavalgou a recente onda de democratização que, há uma curta dúzia de anos, deu origem, uma vez garantidas as condições externas favoráveis, ao multipartidarismo que hoje em dia vigora no arquipélago.

Fá-lo-emos, porém, de maneira apenas genérica e meramente indicativa, tentando sempre sublinhar os processos e mecanismos de legitimação desencadeados e postos a funcionar.

Concluiremos por breves considerações de fundo, que tanto revisitam anseios e ansiedades, como apontam passos e direcções suplementares possíveis para investigações futuras mais aprofundadas.

6. A SOCIEDADE E O ESTADO NO ARQUIPÉLAGO

Muitas coisas foram sugeridas nas três partes precedentes do presente Relatório. A centralidade de formas organizacionais próprias (ainda que múltiplas, alternativas e, em vários sentidos, "incipientes") bem como o reconhecimento de uma identidade cultural específica (ainda que "sincrética", em muitos sentidos "crioula", e sem dúvida "em formação") da população do arquipélago foram, certamente, duas delas. Podemos agora como que desdobrá-las, analisando-as (ainda que só indicativamente) num patamar mais alto [198] de abstracção.

Recapitular de maneira cursória aquilo que antes alegámos sob esta perspectiva terá decerto alguma utilidade. Sublinhámos que, *grosso modo*, os santomenses souberam durante séculos manter-se à margem de um Estado que, com cada vez maior amplitude e eficácia, tentava o seu controlo e a sua submissão político-administrativa. Num primeiro passo, vimos esse distanciamento desenhar-se contra um pano de fundo histórico, um cenário em que fomos delineando, primeiro a independência e o monopartidarismo da 1.ª República, depois a emergência do presente pós-colonial da 2.ª República. Projectámo-lo de vários ângulos, por assim dizer, ao longo das três partes substantivas do Relatório. Essa relativa

---

[198] Nas páginas que se seguem (como aliás ao longo de todo este Relatório), foram usados contrastes nocionais entre conceitos emparelhados como os de Estado-sociedade civil, público-privado, tradicional-moderno, acções e actividades políticas e económicas formais-informais, rural-urbano, etc.. Há que salientar com ênfase, porém, que não presumimos a existência de quaisquer dicotomias rígidas entre esses pólos daquilo que são efectivamente contínuos. Bem pelo contrário, recusamo-las. Como escreveu o académico nigeriano Adebayo Olukoshi (1999: 462), *in real-life situations on the continent, these* [e outras] *categories interpenetrate one another in an organic relationship that is at once complementary and contradictory.* Olukoshi intitula essa interacção de *straddling* e critica a polarização excessiva em termos da sua natureza estática; num sentido muito semelhante ao que aqui seguimos, acrescenta que aquilo de que precisamos é de um *painstaking effort to understand Africa on the basis of what is unfolding, rather than through the preconceived notions built on methodologies that unjustifiably tend to freeze a dynamic situation and take the vitality out of politics and the activities of political actors* (*idem*: 463). Fazemos nossas essas palavras. Atesta-o o facto de insistirmos, neste Relatório (e nesta última parte dele), em interligar, de forma indissolúvel, pólos dessas dicotomias (por exemplo sociedade civil – Estado), cartografando a sua interacção densa, constante e recíproca. A delineação inicial de categorias pareceu-nos útil, em todo o caso, para um primeiro equacionar, em termos de um comparativismo seguramente "impressionista", de algumas das tensões internas detectáveis nos processos que tentamos descrever. Trata-se, por isso, de um passo de mera conveniência analítica.

Parte IV – A "Sociedade", o "Estado", a Legitimidade e Legitimação ...   163

autonomização torna-se nítida, por exemplo, a nível das formas institucionais "tradicionais" utilizadas nas ilhas para fazer face a disputas e tensões interpessoais ou entre grupos, formas essas em que coordenadas culturais profundas têm teimosamente vindo a persistir, ao nível local, no que ao seu "processamento" diz respeito. Como visível também ela é na série de conflitos constitucionais que têm vindo a afligir o normal funcionamento do Estado democrático instaurado com a 2.ª República, desde finais dos anos 80 do século passado.

Uma das linhas de força mais reiteradas neste Relatório foi a de tentar tornar manifesto que em S. Tomé e Príncipe (não nos oferecendo o arquipélago um exemplo paradigmático de maturidade de uma sociedade civil muito homogénea, interventiva ou bem organizada)[199] está aparentemente instalada aquilo a que poderíamos chamar, sem excessos sociologísticos ou metafísicos, "uma entidade colectiva". Uma entidade que, ainda que a possamos considerar como "difusa", "dividida" e "reactiva" no que toca ao seu ténue relacionamento-interlocução com um Estado relativamente ao qual a atitude assumida tem sido mais de rejeição e evitamento (ou de renitências e resistências, como lhes chamámos) do que propriamente de diálogo e interacção, em todo o caso conflacciona várias dimensões de uma sociedade civil: trata-se com efeito de uma entidade que, apesar de exibir um tipo tão particular de consolidação, e sem

---

[199] O que importa, em todo o caso, saber não exagerar. Num utilíssimo artigo-súmula das linhas de força político-socias do "século XIX e XX em S. Tomé e Príncipe, Augusto Nascimento (2001: 10) faz, por exemplo, alusão à famigerada Liga dos Interesses Indígenas que, com a República portuguesa se puderam organizar "para dar expressão [às suas] expressões politizadas [e que conseguiu espalhar-se pelas várias freguesias e granjear] o apoio da generalidade dos nativos". Com a "tragédia de Batepá", com a morte, em Fevereiro de 1953 de numerosos santomenses que o Governador Gorgulho alienara com as suas políticas de mobilização de mão-de-obra braçal para as roças, a sociedade santomense fez mais que manifestar a sua existência: deu um passo na criação de um *esprit de corps* político e nacionalista em que as elites "forras" souberam capitalizar.

embargo das divisões e clivagens que patenteia, de facto em sentidos significativos (e sentidos muitas vezes complementares uns em relação aos outros) efectivamente co-orquestra a vida social no arquipélago.

As implicações desta verificação são incontornáveis. Para o confirmar, valerá a pena começar "do geral para o particular", por assim dizer. Está em S. Tomé e Príncipe, indubitavelmente, constituída uma sociedade. Mas podemos ir mais longe. Cremos que em S. Tomé e Príncipe, não há só uma sociedade: há também uma verdadeira sociedade civil. Porque é afirmada, para além de tudo, uma nítida "identidade cultural"[200] nas ilhas; mais, trata-se de uma identidade de que (e na qual) todos os habitantes têm, de uma ou de outra forma, uma nítida "consciência cívica"[201]. Há outra maneira

---

[200] Não valerá decerto a pena aqui insistir muito numa identidade cultural visível mesmo para o mais desatento dos observadores. Os *jambi*, o *tchiloli*, o Auto de Floripes, aí estão para a evidenciar. Mas não será descabido citar mais uma vez o magnífico livro de Paulo Valverde (2000: 239), no que toca a alguns dos aspectos menos óbvios daquilo a que ele chamava a "são-tomeanidade" dos santomenses: Segundo ele, os santomenses partilhariam, por exemplo, "de uma concepção do ser humano que envolve modos de conceber e de agir no mundo, de conceber e habitar o corpo e mesmo formas específicas de categorizar o conhecimento e que, em termos locais se subsume no tradicional, na tradição, nas coisas do mato e da terra. Estas são expressões que, elucidativamente, se definem pelo localismo, pela singularidade, por um enraizamento literalmente telúrico, e que, de modo explícito, são materiais utilizados para definir uma são-tomeanidade".

[201] A nossa discordância é por isso radical em relação àqueles que alegam (e são curiosamente bastantes os que o fazem, entre as elites santomenses) a não existência uma sociedade civil em S. Tomé. Há mesmo quem sustente, no seio da sociedade santomense, que o país se encontra "despido de sociedade". Afirmam estas vozes que só os partidos políticos preenchem realmente lugares na vida do país. Uma asserção que nos parece ser muito pouco convincente, e até eivada de alguma oposição à democracia. É que (se nos é permitida a imagem) os partidos não são ilhas num oceano e, ainda que o fossem, não deixariam de estar ladeados pelo mar. Esta asserção tem alguma importância, porquanto hoje em dia o conceito assume um significado muito particular. É

Parte IV – A "Sociedade", o "Estado", a Legitimidade e Legitimação ...   165

de o dizer. Os santomenses, se quisermos, ou preferirmos, esta outra formulação, consideram que fazem parte de um "todo" maior em relação ao qual espontaneamente se posicionam e identificam, e esse todo, nas representações locais, inclui (mas não é meramente co-extensivo com) o Estado. A visibilidade e a coerência da sociedade e da cultura santomenses entraram com certeza pelos olhos dentro, mesmo os dos mais desatentos. Tal como evidente será para um qualquer analista a consciência (e adesão) manifestada pelos actores sociais quanto à sua pertença a uma comunidade política alargada.

Nada disto é particularmente novo ou tem passado despercebido aos observadores, internos como externos, que sobre as ilhas se têm nos últimos anos debruçado [202]. E as implicações dessa conjugação de circunstâncias são iniludíveis: um mínimo de atenção aos processos socioculturais no arquipélago, demonstra à saciedade que em S. Tomé e Príncipe existe muito obviamente uma bastante coerente entidade que teríamos dificuldade em ver como uma coisa que não aquilo que habitualmente se intitula uma sociedade civil [203].

---

comum, entre os analistas sociais, a convicção, abundantemente teorizada, de que qualquer processo de democratização se baseia numa construção para que contribuem múltiplos factores e agentes; e parece ser unânime a convicção de que um deles (e um dos primordiais) resulta do impulso para isso dado pela sociedade civil. Retomando uma expressão que nos parece particularmente enfática e que já utilizámos, também a sociedade lança a sua pedra na construção do edifício democrático.

[202] Um só exemplo bastará. Apesar de num âmbito muitíssimo mais local e bastante mais "micro": no esplêndido livro de Gerhard Seibert (2001; o estudo é porém uma tradução de uma obra publicada em 1999, em inglês), já várias vezes citado neste Relatório, sugestivamente intitulado *Camaradas, Clientes e Compadres. Colonialismo, socialismo e democratização em São Tomé e Príncipe*, foi recentemente levada a cabo uma clara valorização de redes, formas e mecanismos de poderes locais, à margem (e em detrimento) das instituições e de lógicas políticas mais formais existentes no arquipélago.

[203] Não quereríamos aqui entrar em grandes polémicas relativamente a definições cujos critérios de aferição, a nosso ver bem, se pautam por via de regra tão-só (repetimos) por considerações de utilidade analítica. Mas se

Repetimos: o que *não* existe efectivamente, isso sim, é uma sociedade civil organizada que, de forma independente e sistemática, fiscalize a actuação dos políticos e a governação da nação e assuma a sua função de *pivot* dos destinos da sociedade santomense [204]; ou seja, que assuma o papel que estamos habituados a ver preenchido por sociedades civis "eficazes". Estamos, por isso, em S. Tomé e Príncipe, perante uma "sociedade civil" *sui generis*. Uma sociedade civil deficitária em termos de participação política directa. Essa sua especificidade é, por sua vez, intrinsecamente interessante. No contexto daquilo que dissemos, dela fluem consequências não-despiciendas.

Para reiterar o que foi de vários formas já intimado, podemos classificar a sociedade civil de S. Tomé e Príncipe como sendo

---

quisermos ser rigorosos, o próprio termo "sociedade civil" é, de um ponto de vista lógico-formal, redundante. O que é que será, com efeito, uma "sociedade não-civil"? Pensamos, em todo o caso, que é importante desfazermo-nos de uma visão demasiado atida aquilo que, para nós, é uma sociedade civil (até porque não dispomos de um *tertium comparationis* para o fazer de maneira convincente). Uma reconceptualização menos etnocêntrica (neste caso, menos eurocêntrica) e menos estática e "imutabilista" quanto à natureza de uma sociedade civil passa, porventura, por uma distinção (de algum modo mais fina), como a que aqui esboçamos, entre sociedade civil pela negativa e sociedade civil pela positiva.

[204] Esta falta de organização "política" da sociedade civil não nos leva contudo a concluir pela sua inexistência; leva-nos antes a discorrer sobre as causas desta desmobilização e os efeitos dela na esfera social do arquipélago. Outra coisa não seria decerto de esperar em S. Tomé e Príncipe. Parece-nos evidente que não podemos esperar de cidadãos de cultura que não a ocidental dominante, habitantes de um mundo essencialmente rural, insular e imensamente fragmentado, gentes sem qualquer acesso à nova e fervilhante sociedade de informação, pessoas provindas de meios marcados por condições económicas e sociais tidas como marginais, habituadas a fracos níveis de organização supra-doméstica, que participem em movimentos cívicos típicos de uma sociedade urbana organicamente integrada, onde o sector agrícola e industrial da economia cedem o seu lugar aos serviços e conteúdos, não já de um terceiro, mas de um quarto sector.

Parte IV – A "Sociedade", o "Estado", a Legitimidade e Legitimação ... 167

"uma sociedade civil pela negativa"[205]: uma vez que os seus membros não se exprimem (em regra e apesar das diferenciações hierárquicas internas existentes) por actos positivos de criação e mobilização da "opinião pública" ou através de uma reivindicação de causas, valores ou direitos por oposição aos explícita ou implicitamente propalados pelo Estado (ou sequer com este em diálogo directo, seja de que forma for), mas antes por omissão generalizada[206]. Muitas vezes, aliás, como tivemos oportunidade de verificar, levada a cabo como

---

[205] Convirá clarificar aquilo que entendemos por uma sociedade civil pela negativa. Esta consiste numa estrutura de base não-institucional reconhecida pelo Direito do Estado e que não influencia muito o processo de decisão política. Isto quanto à sua consideração em termos brutos. Uma sociedade civil assim caracterizada – pela negativa – não deixa de ser em potência uma sociedade civil pela positiva; é esta a razão por que insistimos na adjectivação de civil desta sociedade. Retornaremos a este ponto mais adiante. Fazendo aqui um parênteses, talvez se compreenda melhor esta última asserção por paralelo com o exemplo de Angola. Neste último país, o problema não reside tanto na pretensa inexistência de uma sociedade civil quanto na falta de consciência, por parte das elites angolanas, de que essa sociedade, coesa e abrangente (tal como por estas ela é concebida e ansiada, uma entidade em que estejam representados todos os angolanos e não só elas próprias, as suas elites) pura e simplesmente não existe; e a qual, nos assomos que recentemente tem tido, não coincide em anseios com os propugnados pela elite no poder. Cfr., a este propósito, Armando Marques Guedes, "Os Estados pós-coloniais, as novas políticas africanas e a liberdade de informação", *Fundação Calouste Gulbenkian*, no prelo, pp. 7 e 19-20. Vai faltar ainda algum tempo para que Angola reconheça essa sua fragilidade: não a de não existir no seio dela uma sociedade civil – que julgamos que existe – mas a circunstância de ela não ser minimamente unitária, e por isso mesmo de esta se não manifestar, *enquanto entidade alargada*, de forma positiva. Parece-nos, por isso mesmo, que S. Tomé parte de uma posição vantajosa. Como será evidente, preferimos dar ênfase ao contraste entre definições de uma sociedade civil *pela negativa* e *pela positiva*, em vez de *passiva* e *activa*, já que consideramos que a passividade não é uma característica do caso concreto santomense.

[206] Excepto, curiosa e significativamente, em momentos-chave da história social do arquipélago, como a fase crítica da perda de hegemonia dos ilhéus, em finais do século XIX, no período da descolonização e da abertura democrática, e nos anos 90 do século XX.

uma omissão particularmente activa, *uma presença de uma ausência*, por assim dizer. Trata-se de uma sociedade civil que tende a actuar *deliberadamente* voltando as costas ao Estado e preferindo mecanismos informais paralelos e alternativos mesmo quando aquilo que está em causa é instrumentalizá-lo.

Algumas das causas desta "relativa omissão relacional" (chamemos-lhe assim, embora se trate mais propriamente de *um tipo de relacionamento* do que de uma sua inexistência) são evidentes: por um lado, verifica-se uma reduzida formação (tanto ao nível "cívico", como ao da instrução e informação) de base do grosso dos santomenses, meios e condições sócio-económicas insuficientes e dificuldade de acesso aos meios de informação; por outro lado, o fosso hierárquico existente entre as parcelas da sociedade santomense (cujo exemplo paradigmático é a distância entre elites e o resto da população) não favorece expressões de unidade que excedam menores denominadores comuns por via de regra pobres e com pouco conteúdo. Mas, e talvez sobretudo, parece-nos que essa autêntica (ainda que apenas parcial) marginalidade, largamente auto-imposta, da "sociedade civil" santomense em relação ao Estado só pode verdadeiramente ser entendida em termos da progressão histórica (complexa e mal conhecida) dos longos períodos de resistência e da constante subalternização a que os santomenses comuns têm sido sujeitos. Não valerá a pena insistir mais nessa evidência. Tal como vimos, tem-no sem dúvida sido, desde o período das donatarias ao dos Capitães-Governadores, ao do Estado "primo-moderno", ao Estado liberal e seus sucessivos avatares, ao Estado Novo e desde a independência, aos excessos de "engenharia social" que caracterizaram a 1.ª República [207], e ao esquecimento e instrumentalização pela que se lhe seguiu, a 2.ª República.

---

[207] Numa colectânea recente sobre Angola, Fernando Pacheco (2001:262--263) aduziu, com elegância, argumentos interessantes quanto a uma situação de pormenor a alguns títulos comparável com a de S. Tomé e Príncipe: a da sociedade civil do seu país. Começando por insistir que "nos dias de hoje, a sociedade civil [angolana] parece estar a reemergir do jugo do Estado, a

Em resumo: se de uma perspectiva diacrónica e não crítica é difícil (mas, em qualquer caso, não impossível) entrever no arquipélago uma sociedade civil (ainda que definida pela negativa), mais fácil será decerto vislumbrá-la se a nossa perspectivação se ativer ao sincrónico. Nessas configurações não-sequenciais, a sua presença é imediatamente detectável mesmo pelo mais incauto dos observadores. Só se não quisermos (ou se insistirmos em apenas reconhecer como sociedade civil aquela que tome o Estado como seu interlocutor) é que a não detectamos no arquipélago. Instanciá-la é facílimo. É clara em S. Tomé e Príncipe, por exemplo, a

---

autonomizar-se em relação a ele, assumindo-se no desempenho de funções que antes eram da exclusiva responsabilidade daquele", F. Pacheco traça a linha divisória dessa descolagem na transição da 1.ª para a 2.ª República. E escreve: "defendo que em Angola, tal como noutros países africanos no dealbar das independências, o desenvolvimento dominado pelo Estado não foi mal intencionado. O nosso país ascendeu à independência em circunstâncias particularmente trágicas. Com uma nação por construir, com parte das infraestruturas abandonadas ou destruídas e sem quadros, organizar um Estado forte seria um meio para vencer a herança colonial, acelerar o desenvolvimento, eliminar progressivamente as injustiças sociais e integrar as diversidades culturais e regionais. Mas o modelo falhou, e teve, pelo menos, três efeitos perversos: a obliteração da sociedade, a tentativa de moldagem do sistema social real e a omissão do direito de cidadania para largas camadas da população. A ideia da construção da nação na sua diversidade cultural, etnolinguística e regional foi-se fragilizando. Nessas condições, a sociedade dificilmente poderia ter protagonismo". Temos algumas reticências face à primeira asserção desta "explicação" (que nos parece pecar por uma excessiva racionalização em relação a posturas políticas assumidas, não num vácuo racional, mas antes seguramente num contexto concreto de luta político-ideológica menos sanitizada) para a posição subalterna da sociedade civil angolana da 1.ª República (cujas consequências são ainda sensíveis). Temos muitíssimas dúvidas quanto a uma hipotética transferência deste tipo de "lavagem histórica da face" para o caso específico de S. Tomé e Príncipe, em que, por um lado, a "autonomização" da sociedade civil nos parece uma questão complexíssima, cujas linhas divisórias têm uma enorme profundidade temporal; e em que, por outro lado, o "jugo" (para repetir o termo de Pacheco) daquilo que preferimos ver como "agendas de engenharia social" do Estado teve consequências, ambíguas, de potenciação e de repressão.

afirmação generalizada de fenómenos como a participação colectiva, o sentido de comunidade, a autonomia e auto-suficiência, como nítidos são os mecanismos de atribuição de responsabilidade, os processos de afirmação emancipada, ou a assunção independente de interesses individuais e grupais e de "formas de vida" e associação autóctones. Numa palavra, estão com nitidez presentes todos os critérios definidores de uma verdadeira sociedade civil nas ilhas.

Embora, como vimos, essa sociedade esteja marcadamente hierarquizada, e se tenha historicamente vindo a definir mais por contraste com o Estado do que propriamente como sua parceira num verdadeiro diálogo político directo e procedente. Os motivos genéricos que o justificam são patentes e não valerá decerto a pena tornar a fazer-lhe aqui mais que uma breve alusão superficial. Mas importa fazê-lo acrescentando alguma coisa a respeito da natureza formal da (pouca) interacção existente: entre a repressão violenta e a submissão brutal, entre a manipulação e o desprezo puro e simples da parte das estruturas do Estado que lhe foram sendo impostas, a "sociedade civil" santomense conseguiu sobreviver precisamente no sentido de que tem conseguido simular o jogo (para utilizar uma imagem Wittgensteiniana) sem nunca verdadeiramente nele entrar [208].

---

[208] Uma situação aparentemente simétrica e inversa será a verificada em Cabo Verde, pelo menos segundo o modelo interessante proposto em António L. Correia e Silva (2001) que aborda, ainda que de maneira leve, a questão da legitimidade local do Estado nessas outras ilhas. De acordo com este Autor, uma das principais características da relação Estado-sociedade em Cabo Verde seria a natureza "assistencial" que o primeiro com enorme sucesso assumiu como "agência central de regulação social", a partir de 1968, e com génese na reacção "gerencial" do Estado colonial às terríveis secas que nesse ano assolaram o arquipélago. Nos seus esforços de "produzir legitimidade", de acordo com Correia e Silva, o Estado colonial decidiu "atender" às "demandas sociais" desencadeadas pelas secas, o que tendeu, com o tempo, "à contratualização" e, portanto, "à politização" relativamente benévola da relação de domínio das elites sobre o resto da população. Para este Autor, o Estado pós-colonial caboverdiano teria simplesmente, no que apelidou de "um segundo ciclo de expansão-diferenciação do aparelho administrativo do Estado", levado a cabo após a independência do país uma intensificação dos processos de "distribuição

Foram estes, em nossa opinião, os factores que amenizaram a criação de uma cultura popular (ou local, se se preferir) mais crítica e incisiva da actuação do Estado em S. Tomé e Príncipe. Como foram também estes os factores que levaram a alguma internalização, pela população santomense, de várias das formas estaduais existentes no "ecosistema" circundante, por assim dizer [209].

interna" (nessa segunda fase, de porventos da ajuda pública estrangeira ao desenvolvimento) encetados antes da independência, em finais da década de 60. Correia e Silva vai mesmo ao ponto de asseverar que terá sido precisamente em virtude desse papel gerencial do Estado pós-colonial, e no âmbito da política externa e da captação de ajudas internacionais, que se processou "a diferenciação do interesse do Estado e o do Partido [o PAIGC e depois o PAICV]" que acabou por resultar na emergência da 2.ª República em Cabo Verde. Na interpretação que propõe, essa "diferenciação" terá sido correlativa de uma cisão nas "elites burocráticas", que levou à busca de alternativas políticas e ao multipartidarismo no arquipélago; como Correia e Silva escreveu, "nos primeiros anos de independência, Cabo Verde parece ter o partido a Leste e o Estado a Ocidente". A primeira parte do argumento parece-nos mais convincente que a segunda, que radica transformações democráticas em mecanismos puramente internos para um processo que se verificou um pouco por toda a África e *em todos* os Palop, embora nesses outros casos nada de semelhante se tenha passado no que toca a diferenciações desse género. Por antinomia, em todo o caso, o modelo de Correia e Silva não deixa de fornecer um contraponto interessante relativamente ao caso de S. Tomé e Príncipe.

[209] Como também, num sentido simétrico e inverso, essa (pouca) interacção entre Estado e sociedade civil é aquilo que, se tomarmos "o Estado" como ponto de referência, leva a internalização, nos processos deste, de valores e formas organizacionais próprias da ordem sociocultural santomense "tradicional". Para nos atermos a um só exemplo: fora do contexto da luta política directa e personalizada, os dirigentes santomenses com que conversámos manifestaram invariavelmente dificuldades e algum desconforto em ver negativamente aquilo que seríamos tentados a encarar como actos de "corrupção", parecendo preferir encará-los antes, com bonomia e tolerância, como reflexos compreensíveis de actores socialmente responsáveis empenhados em cumprir, da melhor maneira possível, obrigações familiares positivas.

6.1. LEGITIMIDADE E LEGITIMAÇÃO

Como vimos, equacionar esta "conjuntura estrutural", ou "a estrutura desta conjuntura", em termos descritivo-analíticos não é particularmente complicado. Perspectivá-la em termos macro não será inútil. A vida social e política em S. Tomé e Príncipe pode sem demasiadas distorções ser concebida como uma oscilação, um movimento em equilíbrio instável, entre duas pressões: uma, de legitimidade popular, de reconhecimento e identificação sociocultural "automáticos" de práticas e representações, por parte de uma população que nelas de maneira espontânea se revê. Outra, de esforços persistentes de legitimação pública, por parte de um Estado que tem tido enormes dificuldades em criar um espaço público comum onde possa dialogar com uma sociedade santomense habituada a virar-lhe as costas tanto quanto possível.

Sem querer no presente trabalho entrar em grandes pormenores relativamente a processos interactivos complexos quanto aos quais a nossa informação é escassa (e este nosso modelo por conseguinte muito hipotético), cumpre-nos pelo menos puxar alguns dos fios da meada que até aqui foi tecida.

Na primeira parte deste Relatório abordámos a relação geral, muito dinâmica, entre o Estado (e nomeadamente a administração pública, com as suas estruturas, cargos e personagens) e a sociedade em S. Tomé e Príncipe. Dando de alguma maneira o mote, insistimos sempre que nos iríamos no resto lançar na direcção de objectivos mais latos que aqueles que resultariam de uma simples atenção às arquitecturas normativas estaduais. E afirmando que o faríamos, para além disso, numa direcção mais ampla que aquela que resultaria, pelo contrário, de uma simples ponderação sincrónica das formas "consuetudinárias" santomenses. Mais que uma visão estática, preferimos fazer nossa uma perspectivação dinâmica. Com alguma inclusividade sincrética, insistimos que o faríamos tendo sempre presente a interacção recíproca destes dois âmbitos.

Aludimos assim, nessa primeira parte do nosso estudo, às múltiplas formas assumidas pelas renitências e resistências da sociedade

Parte IV – A "Sociedade", o "Estado", a Legitimidade e Legitimação ... 173

perante as pressões de um controlo, cada vez mais minucioso e abrangente, por parte de um Estado (primeiro colonial e depois pós-colonial) pouco consensual e por via de regra considerado como pouco legítimo. Pouco consentido porque, por um lado, se tratava em S. Tomé e Príncipe de um Estado colonial esclavagista, ancorado numa enorme força repressiva e focado num controlo disciplinar apertado de uma mão-de-obra forçada a sê-lo; e já que, por outro lado, se tratava também invariavelmente de um Estado que sempre fez questão de exprimir uma enorme desconfiança (aliás, recíproca) em relação a classificações e categorizações "populares" santomenses, dando assim origem a uma marcada quebra (senão mesmo à inexistência) de um qualquer eventual diálogo no referencial de comunicação entre Estado e sociedade no arquipélago.

Essas "interferências" no referencial comunicacional entre a sociedade e o Estado são particularmente visíveis a nível das instâncias de identificação, encaminhamento e processamento de conflitos e disputas. Tópico esse que foi tema da segunda parte deste Relatório. A importância que dispensámos a representações e práticas não-estaduais (a feitiçaria e o recurso a formas "místicas" de intervenção foram os exemplos a que nos ativemos) a esses níveis, reflecte o facto de, nesses contextos, nos parecer ser fortíssima a sociedade civil em S. Tomé e Príncipe; e muitíssimo deficitária a legitimidade de uma organização judiciária [210] distante física, económica, política e socioculturalmente.

---

[210] Não quereríamos deixar de aludir, ainda se *en passant*, a um notável artigo de Boaventura de Sousa Santos (2001) sobre as formas cambiantes assumidas pelas múltiplas relações entre Direito e democracia num Mundo em globalização acelerada. Sousa Santos tem um ponto de partida comparativista e diacrónico muito diferente do nosso. Segundo ele, um facto marcante da evolução recente da democracia nos "países periféricos" tem sido "o fenómeno enigmático" da "crescente visibilidade e protagonismo dos tribunais [em vários desses países periféricos...], e a exigência global de uma reforma dos sistemas judiciais e do Estado de direito" (*ibid.*: 125); um processo que chama "a judicialização da política nos Estados fracos". Não aceitando que se trate de um passo linear nos processos da vaga de democratização hoje vivida, o Autor

Deficitária mas não inexistente, e mais uma vez aqui a interacção (no sentido forte de influência recíproca) dos dois grandes âmbitos que começámos por circunscrever se tornou visível com alguma nitidez. Reafirmemo-lo. Estamos em S. Tomé e Príncipe longe de uma situação em que haja apenas uma persistente recusa local em aceitar os termos da mediação estadual em tensões sociais que o Estado insiste em retratar como "litígios": os "princípios alternativos" encontrados pela população do arquipélago têm uma curiosa relação (parcialmente) mimética com as formas impostas pelo Estado, pelo menos (como se viu) ao nível do imaginário "jurídico" que lhes parece servir de "guia cosmológico". A terminologia utilizada demonstra-o abundantemente.

Este ponto mereceria seguramente um maior desenvolvimento que aquele que lhe lográmos dar. É, com efeito, tão fascinante quão significativa a incorporação, nas formas e práticas discursivas locais santomenses de modelos importados, "à peça ou por atacado", de termos e modelizações estaduais claramente ligados ao poder e à submissão políticos, jurídicos e económicos. A complexidade da

---

prefere encarar essa amplificação enquanto uma táctica da "globalização política hegemónica" e "neo-liberal", e no essencial, como uma maneira que esta tem de "gerar uma despolitização sem correr o risco de comprometer o seu êxito ao apresentar-se explicitamente como política" (*idem*: 159). Nesse sentido, propõe que tomemos consciência de que "as reformas do judiciário e do sistema jurídico podem, na melhor das hipóteses, visar a construção ou a restauração de uma capacidade mínima do Estado. Para além disso, salienta, procuram assegurar a estabilidade e a previsibilidade jurídica para o sector internacionalizado da economia; o que leva, argumenta, à concentração dos investimentos jurídicos e judiciais nas capitais, nomeadamente através da profissionalização dos tribunais superiores e da constituição de uma advocacia de negócios" (*idem*: 159). Para B. de Sousa Santos, esta "expansão do judiciário" preencheria papéis importantes no que apelidou de "*democracia 1, ou de baixa intensidade*", mas seria importante ampliá-los, transformando-os com o alargamento do contexto para uma "*democracia 2, ou de alta intensidade*". Seria interessante apurar a aplicabilidade deste modelo ao caso santomense (o Autor explicitamente considera a sua aplicação ao moçambicano). Note-se, em todo o caso, que constatámos no texto a importância que tem tido o desenvolvimento de uma organização judiciária para os investimentos internos e externos no arquipélago.

Parte IV – A "Sociedade", o "Estado", a Legitimidade e Legitimação ...   175

articulação entre legitimidade e legitimação com dificuldade poderia ser mais gráfica, neste domínio tão rico em processos de "fertilização cruzada", por assim dizer.

Na terceira e última parte substantiva do Relatório, virámo--nos, finalmente, para os litígios constitucionais endémicos que têm afligido a 2.ª República santomense. Mais uma vez, aqui, o Direito estadual aparece como escasso: tem um alcance variado e contém lacunas, o que neste caso (em que o sistema é no essencial esgrimido por elites de ilhéus instruídos e bastante ocidentalizados) delineia as "portas" por onde vão entrar as pressões "consuetudinárias": nomeadamente a pressão que resulta da imagem unitária e personalizada de "um chefe" (para simplificar um pouco), que se coaduna mal com a "bicefalia" imposta pelo semi-presidencialismo de uma Constituição "europeia", e vem dando azo a disputas e conflitos cíclicos que têm feito perigar a estabilidade (senão mesmo a permanência em termos que não só os nominais) da viragem democrática levada a cabo com a 2.ª República depois dos desaires padecidos nos anos oitenta.

Mas podemos ir mais longe. O simples facto de se ter vindo, por consenso e com bons resultados, a recorrer a "mediações", "intermediações", ou "arbitragens" (deixemos por ora essa definição, que nos não interessa para este efeito) de juristas portugueses na resolução dos *culs-de-sac* na competição pelo poder com que a 2.ª República tem vindo a esbarrar, mostra com clareza até que ponto é que questões deste tipo são encaradas em S. Tomé como relevando de âmbitos culturais não-locais. E são-no pese embora, com uma ambivalência muito característica, as elites santomenses façam sempre (ou tenham feito até agora) questão de legitimar os desenlaces dessas crises por meio de consentimentos alargados apenas conseguidos lançando mão a discursos jurídicos considerados como neutros e enunciados por aqueles que são localmente tidos como os que mais isenta, melhor e mais fluentemente neles se exprimem.

Mais uma vez aqui se entrevê a teia complexa de influências recíprocas entretecidas na relação densa legível na interface entre legitimação e legitimidade, nos seus nexos, que redundam em toda

176   *Litígios e Legitimação*

uma série de questões que decerto não deixarão de se fazer sentir no decurso da presente revisão constitucional (tão urgente) no arquipélago. Como não têm deixado de se fazer sentir, umas vezes de uma maneira, outras de outra, ao longo de toda a história santomense e em particular na sua progressão pós-colonial.

Valerá a pena detalhá-lo um pouco mais [211]. Sem querer tentar um nível de resolução de imagens que seja excessivamente ambicioso para uma visita de estudo de apenas uma semana, caberá aqui uma

---

[211] Porque nos pareceria prematura a alternativa, preferimos aqui esmiuçar um exemplo empírico em vez de pormenorizar mais a perspectivação que informa o "arco teórico-metodológico" deste Relatório. É de notar, porém, que ao longo de tudo o que redigimos não presumimos a existência de uma qualquer unidade no "Estado" ou na "sociedade" em S. Tomé e Príncipe. A razão é de fundo. Tal como James Ferguson (1994) notou no seu excelente estudo crítico sobre as "políticas de desenvolvimento" no Lesotho, cientistas e economistas políticos criaram um *puzzle* (*op. cit.*: 271-272) quanto à natureza do Estado pós-colonial africano: terá este "demasiado poder", ou "poder insuficiente"? Os analistas parecem com efeito divididos entre estes dois pólos, ora (eg, P. Tilly, 1992) insistindo no seu "sobre-desenvolvimento" resultante das assimetrias dos Estados coloniais repressivos que lhes deram origem, ora (eg, P. Geschiere, 2001, ou T. Sanders, 2001) salientando antes a sua fraqueza e ineficácia face a sociedades civis enganadoramente coerentes e a ele contrapostas. A nossa tendência neste Relatório tem sido antes a de concordar com J. Ferguson quando este afirma, citando Michel Foucault e Gilles Deleuze, que *"the state is not an entity that "has" or does not "have" power, and state power is not a substance possessed by those individuals and groups who benefit from it. The state is neither the source of power, nor simply the projection of the power of an interested subject (ruling group, etc.). Rather than an entity "holding" or "exercising" power, it may be more fruitful to think of the state as instead forming a relay or point of coordination and multiplication of power relations"* (*op. cit.*: 272). Neste Relatório, em consonância com esta perspectiva, tendemos a preferir alusões ao "poder do Estado", à "dimensão administrativa estatal", ou às "elites posicionadas no Estado" em vez de aludir pura e simplesmente ao "Estado"; o intuito é o de sublinhar a dimensão adjectiva sobre a substantiva daquilo que cartografamos. Por outro lado, fazemos sempre questão de tornar evidentes as fracturas dentro tanto do "Estado" como da "sociedade civil", e as interpenetrações entre ambos estes domínios ou nexos de relações. Tanto o Estado como a sociedade civil, na nossa leitura, são assim abordados como

Parte IV – A "Sociedade", o "Estado", a Legitimidade e Legitimação ... 177

breve referência ao que consideramos ser casos paradigmáticos do funcionamento, a nível micro, de alguns dos mecanismos típicos de legitimação política em operação no arquipélago. E preferimos fazê--lo saindo um pouco do campo do jurídico, para melhor contextualizar a interacção entre legitimação e legitimidade. Uma questão (a que atrás fizemos alusão, comparativamente menor, mas interessante) que se nos pôs no decurso do nosso trabalho foi a de compreender a aparente "hegemonia" local do antigo partido único (embora esta nem sempre constante), o MLSTP, mesmo após (e de alguma maneira em antinomia com) a sua exorcização pela 2.ª República. Vejamo-la desta perspectiva.

Contra o vento dos tempos, o MLSTP (agora MLSTP-PSD) parece sistematicamente teimar em vencer eleições no arquipélago. Haverá seguramente para isso razões que se prendem com a sua capacidade organizativa, com a relativa facilidade com que tem obtido financiamentos externos (provindos, nomeadamente, de amigos e redes clientelares centradas numa Angola que parece persistir em tomar o arquipélago como parte e parcela da sua herança "colonial"), ou com a coerência e nitidez do programa político que advoga. Tudo isso será indubitavelmente verdade. Somos porém de opinião de que há razões de fundo mais comezinhas para a continuação dos sucessos deste antigo partido hegemónico, que se ligam, mais explícita e directamente, com a sua "legitimidade" aos olhos da sociedade civil santomense.

A ligação estreita entre o partido e a sociedade radica, em nossa opinião, no tempo colonial, e aí naquele período em que movimentos sociais (mobilizações e agitações sócio-políticas inicialmente sobretudo urbanas, mas movimentos depois com profusas extensões rurais, já que tinham como principais protagonistas membros das elites sociais tradicionais entre os ilhéus, cujo alcance sempre foi grande) conseguiram uma dinâmica associativa de enorme

---

"nexos de poder" profundamente inter-relacionados, mesmo quando essa interacção é sobretudo "negativa" ou, tal como a encarámos, sobretudo conceptualizável como "uma presença de uma ausência".

impacto cívico e forte significado político. Uma espécie de "sociedade civil santomense sombra" foi montada. Uma sociedade que de algum modo decalcava, entrosando-se nela, a sociedade santomense propriamente dita. E foi uma entidade-sombra que, depois, durante a 1.ª República, as elites fizeram questão de transportar para dentro do Estado. Ligados a organismos sociais, culturais, recreativos, intelectuais, os membros das elites souberam criar o seu próprio espaço entre a população, organizando e articulando muitas vezes os seus anseios. Ao darem vida ao MLSTP, essas mesmas elites souberam (apesar de nele apenas terem insistido por pouco tempo) manter viva a chama de uma ligação umbilical à sociedade santomense, importando-a, de alguma forma, para o interior do Estado pós-colonial.

Porventura mais interessante que atermo-nos à mecânica "político-militar" desse autêntico "assalto ao poder" e das agendas que lhe subjaziam (um tema só por si, seguramente, mas outro tema que não o nosso) será esmiuçar algumas das estratégias discursivas com que ele se esforçou por se legitimar. Numa primeira fase, por volta do período áureo da independência, e no que diz respeito à sua aproximação (chamemos-lhe assim) *vis à vis* a sociedade civil nas ilhas, essa "interiorização" era notória no discurso que os membros das elites ilhéus, os principais protagonistas políticos de então, adoptavam na concretização de medidas gizadas no seu plano: por exemplo, na declaração de utilidade pública de inúmeras empresas agrícolas (as famosas "roças de S. Tomé"), a que normalmente se seguia a sua nacionalização.

É fácil verificá-lo, ainda que tão-só a nível dos enunciados políticos produzidos, em que se pressente ter havido um recuo; um balanço, aliás, que parece ter naturalmente sido equacionado nos termos do evolucionismo próprio deste tipo de teorizações. Podemos melhor detectá-lo *a contrario*. Se, por exemplo, os militantes nacionalistas (muitos deles afectos ao MLSTP [212]) quisessem coeren-

---

[212] É fascinante ler o Programa Político do MLSTP, cuja versão policopiada a *stencil* teve, antes da independência, larga circulação tanto no arquipélago,

Parte IV – A "Sociedade", o "Estado", a Legitimidade e Legitimação ... 179

temente enunciar um discurso "materialista histórico" puro, teriam por exemplo que alegar que existiriam no arquipélago sintomas de uma sociedade industrial ou pós-industrial. Teriam que fazer alusão à ideia de domínio da "classe burguesa" pelas "classes trabalhadoras". À ideia de confisco de toda a propriedade da terra, como estratégia para uma reformulação das "relações sociais de produção" que levasse à criação de um novo "modo de produção", pondo assim ponto final na "apropriação capitalista de mais-valia". À ideia, concorrente, de nacionalização dos sectores básicos da economia. Ideias estas que, independentemente de uma eventual discussão sobre validade intrínseca, obedeceriam à aplicação sistemática de uma teoria social sofisticada, justificada por um raciocínio económico minucioso, e voltada para a criação de uma sociedade "de transição" que determinava que fossem consideradas de utilidade pública e nacionalizadas várias das empresas agrícolas de S. Tomé e Príncipe [213].

Mas significativamente nada disso se passou. Como pudemos verificar, o que os membros nacionalistas das elites ilhéus fizeram foi antes formular uma acusação directa à exploração da potência colonizadora, às atrocidades cometidas pelos portugueses (apelidados de "inimigo comum" de todos os santomenses), a quem atribuíam a debilitada situação económica do país e o apagamento da sua

---

como em círculos restritos em Portugal (a "Metrópole") e nas outras "Províncias Ultramarinas". O Programa está dividido em duas partes, uma intitulada Programa Mínimo, outra Programa Máximo. Este último, por sua vez, integrava cinco números, respectivamente 1 – Independência Imediata e Completa, 2 – Regime Democrático Anti-Colonialista e Anti-Imperialista, 3 – Reconstrução Económica, 4 – Política Independente e Pacífica, e 5 – Unidade Africana. Curiosamente, nada no número 3, indiciava uma qualquer orientação político-ideológica, a não ser a alínea c), que insistia, em tom distintamente socializante, no "desenvolvimento por etapas da planificação da economia de S. Tomé e Príncipe".

[213] Como foi feito no já citado e esmiuçado Decreto-Lei n.º 24/75, de 31 de Outubro (aquele que determinava que fossem consideradas de utilidade pública e nacionalizadas várias empresas agrícolas de S. Tomé e Príncipe), cuja audiência era outra: membros das elites dirigentes.

cultura. Havia (e decerto haverá ainda para as suas variantes ainda hoje em dia enunciadas) uma "mecânica explanatória" e uma carga emocional neste discurso que tiveram três consequências: primeiro, unir os santomenses, dando-lhes por contraste um traço identificador contra o antigo opressor; segundo, desresponsabilizar-se a si próprios pelas consequências (infelizmente por vezes catastróficas) das medidas que adoptaram.

E, finalmente e em terceiro lugar (e somos de opinião que este foi o aspecto mais importante assumido no período pós-independência), os enunciados entretidos redundaram numa forma de legitimação do partido no poder perante uma sociedade civil difusa, uma sociedade definida pela negativa (para adoptar a terminologia por nós proposta), face à qual o partido único, nos termos do seu discurso político e das escolhas semiológicas nele feitas, se esforçava por preencher uma função fática de legitimação [214]. Faziam-no essas medidas e esse discurso indo ao encontro das representações populares, ecoando as justificações "espontâneas" da opinião dessa "sociedade civil" santomense, ao invés de avançar as suas próprias formulações teóricas [215] para decifrar o estado de coisas no arquipélago [216].

[214] Ver, para estas questões, o artigo excelente de Luis Rodríguez-Piñero Royo (2000), em que são aduzidas razões para essas invocações de legitimidade de partidos únicos, um pouco por toda a África, um tema, aliás, tratado por inúmeros outros autores que pelo continente se têm interessado. Rodríguez--Piñero (op. cit.: 217-218) enumera como funções legitimadoras para os discursos de justificação dos partidos únicos em África invocações quanto à democratização, à modernização, ao desenvolvimentismo, e ao retorno a pretensas tradições históricas africanas. O Autor, para além disso, detalha as condições externas e internas que propiciaram a falência desse modelo, em páginas cuja aplicabilidade para o caso santomense é interessante *food for thought*.

[215] Fazia-o o MLSTP e continua ainda a fazê-lo, agora contra os partidos e políticos da 2.ª República. O que, naturalmente, redunda no exercício de uma forma de poder que importa saber não subestimar: o antigo partido único mantém-se assim implantado a nível local, ainda que dilacerado, quer quanto a líderes, quer a nível central, ao ecoar as resistências e desconfianças tradicionais dos santomenses relativamente ao Estado.

[216] Gerhard Seibert (2001: 182), foi mais longe, e aventou um modelo interpretativo segundo o qual a linha político-económica seguida depois da

Desse modo logrou o MLSTP a posição que em larga parte do arquipélago ainda hoje detém: a de saber arvorar a sua posição como estrutural num e noutro dos dois lados, com uma postura de mediador de eleição entre agrupamentos e entidades locais e regionais (ou seja, precisamente, aquelas tradicionalmente mais avessas a quaisquer interlocuções com o Estado) e, pelo menos, uma parte desse mesmo Estado.

---

independência teria sido sistematicamente modulada (senão mesmo modelada) de forma a servir os interesses dos ilhéus (nos termos "émicos" por ele preferidos, os "forros"). Como Seibert escreveu: "o modelo político imposto depois da independência provou ser completamente estranho às realidades sócio-económicas locais. O sistema do chamado partido de vanguarda conduziu a um secretismo excessivo e reduziu o papel das assembleias do partido e parlamento a instrumentos de mera aprovação de decisões, enquanto ao mesmo tempo a distância entre a maioria da população e os seus governantes cresceu. Isto foi ilustrado pela rebelião espontânea contra o censo de 1979 e a sua percepção popular de uma tentativa de impor o trabalho forçado nas roças e a expropriação da propriedade privada pelo Estado. A decisão de nacionalizar as roças portuguesas e progressivamente toda a economia era inspirada por dogmas socialistas. Como resultado da nacionalização, a elite forra recuperou o controlo das terras das quais os seus antepassados tinham sido expropriados pelos portugueses cem anos antes. A distribuição da terra, inicialmente proposta pelo MLSTP, tinha sido cancelada porque teria conduzido a uma perda deste controlo. A manutenção da economia de plantação negou aos não-forros o acesso a pedaços de terra próprios e impediu a emergência de uma economia de pequenos agricultores depois da independência". Um modelo fascinante, que cremos, no entanto, presumir uma intencionalidade e uma persistência de um dos grupos sociais locais (o dominante no arquipélago, e aquele a partir do qual têm de facto sido recrutados os líderes políticos das duas Repúblicas que se sucederam desde a independência política) que nos parecem constituir presunções algo excessivas. A corroborabilidade empírica da monografia de G. Seibert fornece porém um curioso testemunho de que esse modelo voluntarista não estará totalmente desfasado dos factos.

7. CONCLUSÕES

Transparece seguramente, em tudo o que foi escrito, que consideramos que o Estado, em S. Tomé e Príncipe, e sem embargo da legitimação que lhe conferem as eleições periódicas que se têm vindo a realizar com bastante sucesso nas ilhas [217], em última instância padece de um *déficit* de legitimidade perante a "opinião pública" santomense; embora tal facto não chegue de modo nenhum ao ponto de impedir o seu reconhecimento popular. Trata-se de uma lacuna, porém, que fere seriamente a intensidade (e até a extensão) da participação política dos santomenses na vida pública do arquipélago. Uma carência histórica, a nosso ver ainda incompletamente resolvida, mesmo nesta segunda fase da experiência pós--colonial hoje vivida.

Não quereríamos, porém, reificar a importância desse *déficit*. Já que esta nossa posição de base não expressa necessariamente uma postura crítica que deva (ou facilmente possa) ser tomada como negativa. Acautelemos, em todo o caso, que não nos cabe esboçar aqui um qualquer "normativismo"; compete-nos tão-só tentar ponderar tendências e linhas de força, à guisa de conclusões.

Embora reconheçamos a presença de clivagens hierárquicas marcadíssimas em S. Tomé e Príncipe, somos antes de opinião que a construção de uma sociedade civil pela positiva não se apresenta como questão muito problemática ou difícil (ou pelo menos não se apresenta como tal hoje em dia) no arquipélago. Tal como sublinhámos, parece-nos que uma fortíssima (ainda que talvez não muito politicamente interactiva, e nesse sentido coesa ou coerente) sociedade civil existe em S. Tomé e Príncipe como uma estrutura de base não-institucional (ou pelo menos com uma institucionaliza-

---

[217] S. Tomé e Príncipe tem-se mantido como um dos únicos Estados subsaarianos em que um partido ou líder têm sido derrotados em eleições acatam seu resultado e voluntariamente se deixam substituir nas rédeas do poder, mesmo quando isso significa uma longa travessia do deserto, ou até a morte política, para os vencidos.

ção muito diferente da dos sucessivos aparelhos de Estado com que tem convivido desde há séculos); trata-se de uma sociedade civil que, pelo menos de maneira implícita (e este ponto é essencial), é como tal reconhecida pelo Estado.

Insistimos no facto de que esta sociedade contém alguns dos ingredientes de uma plena sociedade civil pela positiva; mas sublinhámos também que consideramos que não atingiu essa fase na sua maturação, exibindo apenas alguns dos traços e elementos que, em abstracto, poderão potenciar uma futura transformação nesse sentido [218]. Mais uma vez repetimos não ser nossa uma postura de descrença, ao invés daquilo que ouvimos nos lamentos de muitos santomenses. A nosso ver e com recuo, somos de opinião que alguma sobriedade esbaterá decerto a ferocidade das críticas fáceis de que fomos testemunhas. S. Tomé e Príncipe vive numa muito jovem democracia; e não se lhe pode seguramente, de boa fé, exigir, em 26 anos de independência, aquilo que democracias ocidentais vêm tentando há séculos com pequenos passos, retrocessos e conquistas [219].

---

[218] Um só exemplo. Em momentos decisivos como na luta contra os abusos e injustiças do poder autoritário do Estado Novo português, ou o momento da transição política e da construção dos alicerces democráticos, a sociedade santomense que temos vindo a caracterizar assumiu algumas das suas funções liderando correntes de opiniões e mobilizando algumas vontades. Não podemos, contudo, senão admitir que esta atitude não tem sido permanente e sustentável, aparecendo apenas em momentos-chave da vida do país. E notamos que se trata de movimentações criadas e conduzidas integralmente sob a égide das elites santomenses.

[219] O que é decerto ademais agravado pelo facto de "o Estado", em S. Tomé e Príncipe, estar longe de funcionar da forma como o modelo a que corresponde se projectou e idealizou durante as revoluções culturais dos sécs. XVII e XVIII na Europa; e o arquipélago está, senão distante, pelo menos aparentemente insularizado em relação a muitos dos grandes desafios do Mundo contemporâneo. Mas apenas aparentemente. Porque as opções de fundo são aquelas que estruturam uma ordem internacional cada vez mais constrangente: assim, onde não se verifica um desenvolvimento económico e social consolidado e estável, este tenderá rapidamente a tornar-se na prioridade política e social por quase todos com ardor defendido.

Não se trata de assumir uma postura "evolucionista", mas antes de alinhavar observações empíricas quanto ao que lográmos apurar. Convirá esclarecer um pouco mais este ponto, alterando mais uma vez o ângulo da nossa perspectivação. Comecemos por uma comparação-constatação. Não se têm manifestado nas ilhas formas organizacionais típicas de movimentações sócio-políticas consequentes face a um Estado "moderno" (e.g., conferências e comícios, manifestações, petições e abaixo assinados, greves, artigos de opinião em meios de comunicação social), nem se têm feito sentir activismos verdadeiramente colectivos que incluam, em simultâneo, as elites tradicionais, membros de agrupamentos rurais, e franjas mais despossuídas da população. O pouco que tem acontecido, a esse nível de contestação-interlocução com o poder estatal instituído, tem sido avulso e efémero; e tem-se restringido às elites "forras". A questão, em nossa opinião, é estrutural. O que tem emergido em S. Tomé e Príncipe, como vimos, têm sido formas de protesto "tradicionais" e "carismáticas" (rebeliões contra impostos e trabalhos forçados, ocupações de campos, motins de rua) envolvendo a população comum, movimentos esses que ocorrem *em paralelo* com algum activismo das elites (mas largamente dissociados deste), por sua vez consubstanciado em movimentos associativos e organizacionais de cariz mais "moderno".

Nuns como noutros casos, para além do mais, pouco se tem manifestado no que toca ao secularismo (no sentido Weberiano de "subjectividade política" e de "agência, ou acção, moral") que caracteriza os movimentos políticos modernos eficazes; à sua abertura-inclusividade imprescindível para um recrutamento alargado de membros; à universalidade das mensagens políticas invocadas; ou mesmo à sua publicitação tão necessária à constituição de uma verdadeira esfera pública no arquipélago [220]. Na ausência de

---

[220] Para uma discussão, formulada num outro contexto, mas profundamente útil para um bom equacionamento de algumas das principais questões relativas a acção política da sociedade santomense contemporânea, ver Alejandro Colás (2002: sobretudo pp. 66-75). No quadro de uma reformulação teórica do conceito

Parte IV – A "Sociedade", o "Estado", a Legitimidade e Legitimação ...   185

mecanismos que articulem e permitam tanto a enunciação de aspirações políticas colectivas como o seu eventual diálogo com o Estado, a sociedade santomense não tem encontrado viabilidade para a sua reformulação como mais do que uma sociedade civil profundamente dividida, para além de negativamente definida por contraste. E muito menos para a sedimentação de uma verdadeira sociedade civil historicamente procedente e eficaz.

Vários são todavia os factores que militam a favor de um rápida processo de maturação política nas ilhas que caminhe nesse sentido. Em termos gerais, as condições contemporâneas parecem bastante propícias para que uma mudança não despicienda desse tipo se possa efectuar. A nível estrutural, será decerto de realçar o factor "unidade". A sociedade santomense é, na sua maioria, católica. Não existem nela, para além disso, grandes divisões étnicas ou tribais. Como foi já referido, mesmo a distinção "forros"-Angolares tem pouco significado político, como pouco procedente é também a distinção entre naturais da ilha de S. Tomé e naturais da do Príncipe. Nem ao nível do "tribalismo", nem ao da sua versão mais soft, a etnicidade, a sociedade do arquipélago apresenta fracturas substanciais. Isto não significa, no entanto, que esta não seja influenciada e marcada por outros fenómenos relevantes. Há-os de pelo menos dois tipos: os políticos (mas não necessariamente num sentido político-ideológico estrito e estreito), e os sociais (entendidos sobretudo em termos sócio-económicos e culturais). Mas não redundam seguramente em clivagens muito ameaçadoras para a almejada integridade nacional.

Não que não existam escolhos conjunturais. A actividade partidária "tradicional" no pequeno arquipélago forma um deles, de que os santomenses se queixam muito. Em S. Tomé e Príncipe, de

---

de sociedade civil, Colás elabora aí em pormenor noções como a de "modos transformativos de acção colectiva", desenvolvida nos anos 70 por Perry Anderson na sua crítica a trabalho do historiador E. P. Thompson sobre a "classe operária" inglesa. Muitos dos conceitos usados neste e no parágrafo anterior são os desenvolvidos por Colás nesse estudo sobre "a sociedade civil internacional" hoje em crescimento.

facto, o fenómeno político-partidário está presente em todas as dimensões da sociedade. E as suas características são as de uma rede, ou melhor as de uma série de redes sobrepostas [221]. São as filiações partidárias que servem de critério, por exemplo, para o acesso a certos cargos (os mais desejáveis) no sector público e até no sector privado. A progressão de uma pessoa numa carreira pode estar dependente de simpatias político-partidárias. Membros da sociedade civil sentem-se, por vezes, constrangidos a não se arriscar a livremente exprimir as suas opiniões, com receio de represálias ao nível da sua vida privada. A situação poderia assim ser tomada como sendo de algum modo funcionalmente equivalente ao de uma sociedade profundamente fracturada, em que persiste um clima de autoritarismo policentrado. Utilizando as palavras mais pessimistas do Presidente Miguel Trovoada, quando da sua conversa connosco: "em S. Tomé não existem tribos para politizar, mas existem partidos para tribalizar" [222].

Há algum fundamento para essas queixas, e para outras do mesmo tipo. Na realidade, os partidos políticos em S. Tomé e Príncipe não têm funcionado como verdadeiras plataformas congregadoras de opiniões, em que o individual se articula em colectivos maiores que representem as aspirações individuais e de grupos; operam antes como meros instrumentos de somas aritméticas de forças, sem qualquer manifestação de "todo" ou de conjunto [223] que não seja a de tentar assegurar uma coordenação disciplinada de

---

[221] Facto claramente postos em evidência em numerosos trabalhos de investigação, nomeadamente no estudo, já citado, de Gerhard Seibert (2001). Em páginas memoráveis (e.g. pp. 462-465), Seibert traça algumas das redes de consanguinidade e afinidade que ligam uns aos outros os membros das elites forras que têm detido o poder político no arquipélago desde a independência, tanto na 1.ª como na 2.ª República.

[222] Entrevista que nos foi gentilmente concedida quando da nossa visita de estudo ao arquipélago, no Palácio Presidencial, a 15 de Dezembro de 2000.

[223] Se é verdade que os partidos políticos foram de extrema importância para se alcançar a independência, bem como a democracia (e se não pode haver dúvida que têm desempenhado um papel de relevo na consolidação desta última),

esforços poisados na prossecução de agendas dos seus líderes. E tal como em diversos outros países em que se vive uma transição abrupta e descentralizante, os partidos são pouco mais que associações formadas ao redor de uma ou várias dessas personagens carismáticas poderosas.

Mas não cremos que o sejam, em S. Tomé e Príncipe, de uma forma radicalmente destrutiva. Pelo contrário, somos de opinião que isso mesmo pode vir a potenciar uma mudança no lugar estrutural ocupado pela sociedade civil santomense (e de alguma forma está a fazê-lo) no seu relacionamento com o Estado. Já que o jogo de competição política que desencadeiam tende a empurrar também as próprias estruturas partidárias para o descentramento que lhes tem faltado, tendendo assim a um alargamento o repertório dos grupos que conseguem lugar no interior do próprio Estado.

Com este diagnóstico genérico, e talvez paradoxalmente, não vemos com toda a franqueza por que razão não possam os santomenses encarar o futuro do seu arquipélago com optimismo. Mais uma vez não nos queremos coibir de dar aqui a nossa opinião. Formulámos deliberadamente o que dissemos no quadro de uma delineação de condições para um tipo de subjectividade, e de "agência" (no sentido de acção e movimentação), políticas típicas das sociedades civis "modernas". Desnecessário será chamar a atenção para o facto de ser dúbia a validade da utilização, como termo de comparação, do maior grau de desenvolvimento e coerência patentes, hoje em dia, nas sociedades civis dos países do "Ocidente"[224]. De uma coisa estamos certos: ao invés do que têm vindo

---

não é menos verdade que os mesmos partidos têm interferido de maneira porventura obsessiva em alguns dos domínios sociais e têm vindo, nesse sentido, a contribuir para a degradação da coisa pública em S. Tomé e Príncipe. Sendo importantes para a democracia, não podem querer substituir-se à sociedade civil ainda que dela façam obviamente parte. Cada uma destas duas parcelas, numa democracia, vai colocando à sua maneira as pedras que vão fazendo falta na construção, sempre inacabada, do edifício democrático.

[224] Podemos ir mais longe. O que teremos que apurar não será decerto se estamos perante uma democracia perfeita e conforme ao modelo idealizado que

a apregoar os mais optimistas no arquipélago, não bastará (ainda que tal seja desejável) o acordo de todos (ou da larga maioria) os santomenses em relação a um qualquer novo momento constituinte, como aquele que agora se busca [225], uma redivisão e uma reforma administrativa no território, ou a uma profunda reformulação da justiça, tal como aquela que hoje uma vez mais se delineia. Tudo isso é, sem dúvida, imperativo. Mas a anuência pública terá que ser de maior amplitude que um simples *nihil objectur*, mais do que um mero *nihil obstat* popular: e passará idealmente pela criação de condições propícias para que esta sociedade civil pela negativa se converta numa sociedade civil pela positiva. São essas circunstâncias o que nos parece imprescindível que os santomenses preocupados com a democratização do seu país tentem garantir.

Num patamar mais inclusivo, consideramos ser esta a tarefa primeira dos santomenses que queiram alterar os termos, eles próprios, do seu relacionamento "tradicional" com o Estado. Não será complicado reinventar para tal uma estratégia. Talvez os santomenses com preocupações democráticas devessem começar, por exemplo, por não permitir com tanta passividade que tão impunemente se amontoem obstáculos – como obstinada e insistentemente se tem feito em S. Tomé e Príncipe – contra à criação de uma Ordem de Advogados. Embora essa seja, por via de regra, uma entidade privada de interesse público sob a tutela do Governo, não deixará, uma vez erguida, de se afirmar como um corpo de um importante (e normalmente muito vocal e atento) sector da sociedade.

E porque não ajudar também a promover a circulação de informação livre, independentemente da sua origem, por intermédio,

---

dela temos e que (por improvável que tal perspectiva possa parecer) aqui teríamos realizado; é seguramente antes o saber decidir se a sociedade santomense está ou não no bom caminho; *i.e.*, se em relação ao seu passado mais recente está ou não numa melhor fase da sua progressão.

[225] Também não seria naturalmente realista (ou de verdadeira boa-fé) esperar de uma sociedade com as características que apontámos que se pronuncie por um novo momento constituinte em termos técnico-políticos ou técnico-jurídicos.

por exemplo, de meios audiovisuais de comunicação, ou através de uma multiplicação e diversificação da imprensa, à medida da dimensão do pequeno país? Apropriado e eficaz seria porventura apoiar o surgimento, em S. Tomé e Príncipe, de uma tipografia nacional (não tanto do ponto de vista da publicação dos diplomas legais mas sobretudo enquanto veículo comunicacional aberto a múltiplas expressões – literárias, ensaísticas e outras – que possam vir a fomentar o crescimento e a sedimentação de uma sociedade civil santomense mais virada para a interacção com o Estado).

Multiplicar sugestões que vão no mesmo sentido não será decerto difícil, sobretudo se mantivermos em mente aquilo que dissemos sobre os traços primordiais de quaisquer movimentos políticos que se queiram eficazes na sua articulação com o Estado. Nomeadamente a multiplicação de ONGs no país e na articulação das vozes nacionais santomenses com as exteriores suas afins, dotando-as de formas e estruturas organizacionais que viabilizem a sua visibilidade, o seu diálogo e permitam a comunicação (inclusivamente burocrática) com congéneres e Estados bem implantados na nova ordem internacional em transformação. Não se trata de escolher umas ou outras; mas de as abraçar a todas como parcelas concorrentes num processo urgente de gestação de um diálogo político do maior interesse e eficácia na alteração do tipo de relacionamento entre Estado e sociedade no arquipélago.

Mais a médio e longo prazo, arrolar condições para um reforço e uma "positivação" da sociedade civil santomense também não nos parece árduo. No que precede, algumas delas se foram tornando evidentes. Uma das razões para a persistência de formas e mecanismos "alternativos" de "resolução" e "processamento" de disputas e conflitos prende-se com a intransponibilidade (física, económica e cultural) das distâncias no arquipélago. No que diz respeito às resistências face a uma administração localizada, urbana, e litoral, para além das razões políticas aduzidas sublinhámos outras, que também se prendem com as consequências, em ambas as direcções, da inacessibilidade recíproca entre as populações locais e um Estado distante. Daqui à hipótese de que a criação de vias e meios de comunicação entre comunidades, entre interior e zonas ribeirinhas, entre zonas rurais e centros urbanos, e das ilhas uma(s) com a(s) outra(s), enorme impacto teria na consolidação de uma sociedade civil no arquipélago, não é grande o salto. Uma boa grelha de estradas e de acessos levaria literalmente longe os santomenses.

Como não serão difíceis de imaginar as alterações que a esse nível irão ocorrer, se se lograr levar o Estado a dar a prioridade devida à instrução pública, e sobretudo se se souber induzi-la nela incluir rudimentos de uma educação cívica forte e que, em termos político-ideológicos, se saiba manter relativamente incolor. Mantendo, naturalmente, uma postura de realismo. É improvável o sucesso, em S. Tomé e Príncipe, de um qualquer projecto que vise, directa ou indirectamente, uma substituição de elites de ilhéus com enorme tradição de um consentimento popular bastante generalizado quanto à sua posição hegemónica. Mas é porventura inevitável a constituição de grupos intermédios [226] para que se possa alargar a

---

[226] Para efeitos de realce comparativo, valerá a pena citar mais uma vez a perspectivação de Correia e Silva (2001: 55-56) sobre o Estado caboverdiano, embora num ponto de aplicação diferente. Numa definição decerto maximalista, este Autor propôs olharmos "a política", em Cabo Verde, como a legitimação de uma relação de poder de uma elite sobre uma sociedade, relação essa mediada pelo Estado através de projectos de atendimento social". Segundo Correia e Silva, "a personificação do poder" (logo o neo-patrimonialismo) ter-se-ia mantido "sempre larvar" em Cabo Verde no período pós-colonial, e isso seria o segredo do indubitável sucesso político e económico conseguido pelo país. E isso dever-se-ia ao crescimento, logo com a 1.ª República, de "uma pequena burguesia burocrática", portadora de um *ethos* "performante" aliado à necessidade imperativa de "produzir uma imagem política aceitável para os países ocidentais" em nome da urgência de uma efectiva captação de ajuda que viabilizasse o progresso económico daquele arquipélago. O Autor parece considerar (com alguma circularidade e incongruência) que "os constrangimentos impostos pela necessidade de reprodução social tão prementes neste país-arquipélago" devem ser encarados, por um lado, como o quadro que torna inteligíveis as implicações das "circunstâncias do nascimento" do "processo de estruturação institucional do Estado em Cabo Verde" (a resposta "assistencial" à estiagem de 1968); e, por outro lado, como o enquadramento que nos permite compreender as suas "contradições" (pp. 55-56, 58 e 67-68). Descontada, porém,

Parte IV – A "Sociedade", o "Estado", a Legitimidade e Legitimação ... 191

base de sustentação desses legítimos sustentáculos políticos tradicionais com laivos carismáticos, de algum modo "despersonalizando" a autoridade e o poder nas ilhas e servindo "objectivamente" de mediadores entre a população e as elites; *mutatis mutandis* algo como os ilhéus o foram entre os colonos e os habitantes das ilhas em geral, no longo intervalo antes da independência.

A evolução das sociedades civis em África, como muitos autores têm, aliás, vindo a sublinhar [227], não tem sido linear. Com efeito, se adoptarmos o entendimento convencional (e, em muitos sentidos pobre e reducionista, porque estático) segundo o qual o termo "sociedade civil" alude ao domínio instalado no espaço existente entre os agrupamentos domésticos e os Estados, um domínio populado por associações e grupos "voluntários", por entidades autónomas em relação ao Estado e que partilham entre si interesses comuns (seja qual for a natureza destes ou a daquelas), as suas oscilações, no continente, têm sido notórias. Mas têm, aparentemente, seguido um padrão regular. Com todos os riscos sempre acarretados por quaisquer generalizações, talvez não seja abusivo asseverar que, por via de regra, antes das independências as sociedades civis e as associações e grupos intermédios foram, em África, ganhando protagonismo, à medida que novos espaços de afirmação iam sendo reconquistados. Com os monopartidarismos, e a busca de hegemonia de agrupamentos saídos das elites tradicionais e em busca do poder a coberto de regimes autoritários (um processo generalizado a uma enorme percentagem dos Estados africanos pós-coloniais), deu-se um marcado retrocesso, por "esmagamento", nessa tendência: as

---

a remissão à "reprodução social" (que nos parece pouco mais que a curiosa utilização, no contexto de um bem delineado quadro teórico weberiano, de um conceito funcionalista apresentado sob roupagens terminológicas marxistas) que insiste em fazer, a dinâmica sugerida por Correia da Silva é muitíssimo interessante e, mais uma vez, *good food for thought* no que diz respeito a eventuais comparações com o papel das elites na estruturação e na progressão do Estado pós-colonial em S. Tomé e Príncipe.

[227] Ver, por todos, E. Gyimah-Boadi (2000).

sociedades civis, regra geral, viram-se, em resultado, severamente subalternizadas. Com a vaga de democratizações dos anos 90, viveram (não sem avanços e recuos) um ressurgimento. S. Tomé e Príncipe instancia bem esse modelo generalizado. Depois de um interregno de silenciamento (ou de instrumentalização), e embora mais uma vez com pontos altos e baizos, é certo, a 2.ª República tem permitido um surto e uma revitalização da sociedade civil santomense. E, talvez sobretudo, tem potenciado uma sua marcada reconfiguração estrutural.

Estes são processos que estão já em curso, cujo desenvolvimento é bem-vindo e não será fácil de estancar. Há nisto, decerto, alguma coisa de irónico. Não seria surpreendente que, uma vez finda a época colonial, sejam entidades parecidas com as associações e ligas formadas pelas elites "forras" há uma centena de anos para lhe resistir (ou para nele conseguir lugar de implantação e voz) o género de "formações" que constituem a chave para a afirmação de uma autêntica sociedade civil, activa e positiva, em S. Tomé e Príncipe, que saiba abarcar aspirações mais abrangentes porque menos corporativas e menos particularistas.

É bem verdade, infelizmente, que todos os cuidados são poucos. O caminho não será com certeza fácil de percorrer. Muitos serão, sem dúvida nenhuma, os obstáculos, muitas vezes traiçoeiros, que irão aparecer. Mas o viajante santomense tem uma enormíssima vantagem táctica, que partilha com todos os democratas. Assim como é o ladrão o primeiro a reconhecer o direito de propriedade [228], também são aqueles que mais contrariam o desabrochar de pequenos movimentos dentro da sua própria sociedade que são por isso mesmo os primeiros a reconhecer que esta existe e a recear o seu poder.

---

[228] Fazemos aqui alusão à metáfora sugestiva de Gustav Radbruch na sua *Rechtsphilosophie* (1932).

ANEXOS

a.
HISTÓRIA 1 – O deputado [229]

Conta-se, na cidade, a história de um deputado que "roubou" a mulher a um homem para viver com ela um matrimónio ilegítimo, uma vez que existia já uma primeira mulher "oficial". Ora, fala-se que o dito senhor ficou bastante revoltado com o sucedido; no entanto, "não concretizou a sua raiva nesse momento".

O deputado, não se contentando com o episódio, insistiu na façanha: uns anos mais tarde, quando o "senhor azarado" já tinha refeito a sua vida ao lado de uma outra mulher, repetiu o feito e voltou este a ser deixado, desta feita pela sua segunda mulher, que também ela se juntou ao deputado.

Não tendo solução pacífica para o caso, o senhor resolveu ir a um feiticeiro, pedindo que este lançasse um feitiço contra o deputado. O feiticeiro, invocando todos os seus poderes, e depois de esgotá-los na tentativa de solucionar a situação, disse ao seu cliente que não poderia obter nada do mundo sobrenatural contra o deputado, devido ao facto do corpo-alvo deste se encontrar trancado e portanto imune a qualquer feitiço

Lembrou-se o feiticeiro da única forma de entrar no corpo do deputado: para o efeito, teria que matar o homem que ao deputado queria mal, para que a sua alma entrasse no corpo deste e o matasse

---

[229] Nesta como nas histórias seguintes decidimos reter muito da estrutura narrativa e da linguagem (tanto ao nível lexical como ao sintático) utilizadas pelos seus "contadores" santomenses; cortámos porém nas nossas transcrições das histórias as reduplicações e, naturalmente, muito é perdido com a ausência das numerosas dimensões não-verbais (gestos, tons de voz, etc.) omnipresentes no contar delas.

em seguida, pois a sua alma revoltada seria a concentração de todas as energias necessárias e capazes de entrar num corpo trancado.

Depois de pensar no assunto, o desesperado crente concordou em ser morto para, consequentemente, "chamar" a morte do deputado. Tomada a decisão, decidiu dirigir-se a casa do deputado e gritar algo como: "eu vou, mas tu também irás, sou eu quem te virá buscar".

Assim foi. O feiticeiro matou o seu cliente e, no mesmo dia, o deputado deu entrada no hospital, vindo a morrer três dias depois.

(Há uma outra versão deste mesmo caso, que se distingue desta por uma variante na parte final: o homem morto pelo feiticeiro foi para o hospital a morrer e o deputado deu entrada no mesmo hospital no mesmo dia. Assim, encontraram-se os dois no hospital; e quando o homem morreu ouviu-se uma voz pronunciar algo incompreensível, enquanto uma sombra passava pelo hospital e o deputado morria.)

HISTÓRIA 2 – As crianças da roça

Este caso teve início com uma criança que, ao brincar na estrada, foi atropelada e morreu. Era o irmão mais novo de uma numerosa família que vivia numa roça.

Com a morte da criança, o irmão que se lhe seguia (o mais novo nesse momento) começou a ser perturbado durante a noite.

Dizia ele que a causa da perturbação era o seu irmão falecido. Explicava aos seus pais que, em sonhos, o seu irmão morto não o deixava em paz, chamando-o constantemente para que ele fosse encontrá-lo na morte.

Passados alguns dias esta criança morreu, também atropelada, exactamente no mesmo local fatídico em que tinha morrido o seu irmão.

Esta morte foi encarada como uma vitória do espírito do irmão morto sobre a vontade do que estava até então vivo, explicando-se simplesmente como: "ele não queria, mas o irmão veio buscá-lo".

HISTÓRIA 3 – A senhora doente

Em frente de cada casa de S. Tomé existe um pequeno jardim, do qual as mulheres se ocupam todas as manhãs, varrendo e regando.

Enquanto uma senhora, já de uma certa idade, cumpria com esta tradição matinal, um curandeiro, que costumava passar por ali, cumprimentou-a como sempre. Dando numa dada manhã pela ausência da senhora, o curandeiro não fez cerimónia e resolveu entrar na casa à procura dela.

Ela dizia que estava doente, deitada na cama sem se levantar havia já algum tempo; mas o curandeiro quando se aproximou das escadas da casa que davam para o quarto onde a senhora se encontrava, disse sentir uma vibração extremamente negativa, a qual conhecia bem. Imediatamente escavou no chão e encontrou um pote cheio de ossos. Logo concluiu que tinham lançado feitiço sobre aquela senhora e que era necessário desfazê-lo. Com esta finalidade o curandeiro convocou um *jambi*.

O *jambi* foi realizado uns dias depois. Muitas pessoas participaram e contam os que o presenciaram que a vibração era tão forte e intensa, que não existia ninguém que não dançasse, bebesse ou cantasse. A senhora, doente, foi carregada até ao local do *jambi*. Ao passarem algumas horas de agitação e de invocação dos espíritos, as que o curandeiro julgou necessárias para desfazer o feitiço lançado, levantou-se sozinha e começou a dançar no meio de todos os que participavam deste ritual, testemunhando todos estes a cura e atribuindo o sucedido, sem qualquer tipo de dúvida, ao poder espiritual do qual o curandeiro é a face terrena. Assim se diz que foi desfeito o feitiço.

b.
QUADRO RESPEITANTE A PALAVRAS E EXPRESSÕES RELACIONADAS COM FEITIÇOS E BRUXARIA

1 – Termos crioulos	2 – Significado	3 – Expressões
Paga devê	Pagar um dever que se deixou por cumprir numa outra vida anterior; alguém que se deixou noutra encarnação está a reivindicar alguma coisa que não vai deixar a alma da pessoa em causa em paz nesta vida enquanto não for satisfeita; normalmente trata-se de prestação como dar de comer ao marido, por ex.; muito associado à doença das crianças.	"Se não pagá devê morre"; "tá doente porque não pagou devê direito"; "tá devido".
Flêcê [230]	Oferecer na igreja pelo bom parto que teve; normalmente a oferta é um ritual com elementos necessários como a presença de um padre ou vela a arder.	"Se pariu tem que flêcê a parida ao padre".

---

[230] Uma questão sem contornos "jurídicos", mas aqui incluída para sianlizar a importância "extra-económica" das relações de troca em S. Tomé e Príncipe.

Trancar/Fechar o corpo	Tornar a pessoa imune aos feitiços que contra si possam lançar; ritual que normalmente se faz à nascença mas que pode ser feito a qualquer momento.	"Tá com corpo muito aberto"; "tem que lavar corpo com banho de flores para trancar".
Quibanda	Local de trabalho de um curandeiro.	"Eu vou a uma quibanda".
Sentença	"Ritual receitado" pelo curandeiro para que o doente pague o seu dever.	"Depois de ir ao curandeiro, ele diz que tem sentença".
Xicote	Bater em alguma coisa.	"Ele tem que ir para uma estrada em cruz com outra, leva flores, arranja sete crianças para dar xicote na estrada e esta fica sozinha na estrada".
Disprezo	Praga. Normalmente cura-se esta com a Bíblia, através da oração: colocam-se folhas à volta da igreja e para afastar a praga tem que se apanhar as folhas, cozinhá-las e pô-las dentro de um cesto que se equilibra na cabeça, ao despejar a água do cesto as folhas não podem cair.	"Ela fez um disprezo por mim".

| Bambi [231] | Refere-se a uma criança cujo parto teve grandes dificuldades; a cura consegue-se repetindo sempre o nome da pessoa em causa e bebendo uma mistura preparada propositadamente para o efeito cujo conteúdo é: cinza, pau de *bambi* cortado em 7 pedaços, sete cruzes feitas da fita da vassoura, a ferver numa cafeteira; quem está com *bambi* tem que beber isto todos os dias até nascer o bébé. | "Tá com *bambi*". |
| "Queimá agua" [232] | Banho com folhas tradicionais (boiabeira, por ex.); recorre-se sempre a este banho para cicatrizar as mulheres depois de terem um filho e para conservar o seu útero a fim de poderem engravidar novamente sem perigo. | "Água tem que tar bem quente"; "tem que ser alguém a queimá-la". |

---

[231] Outra questão sem quaisquer contornos "jurídicos", que aqui incluímos para disponibilizar aos leitores uma imagem da "cultura santomense".

[232] *Idem.*

| "lavar mama" | Refrescar o peito. Quando a mãe não tem o peito bom para amamentar o bébé, tem que ser tratada: a mãe e a irmã (por ex.) vão ao rio lavar o peito da mulher com folhas tradicionais, batem-lhe nas costas três vezes para que o mal seja curado. | "Tem que ir bater três vezes para a mama ficha boa". |

Paulo Valverde[233]: QUADRO TERMINOLÓGICO

"*Trocar cabeça*" – operação através da qual um curandeiro, com o objectivo de consolidar os seus poderes, mata um outro, mediante feitiço, apoderando-se depois do espírito do morto.

"*Ver mato*", "*andar no mato*", "*ir ao mato*" – acto de ir a um curandeiro. Trata-se de um mato metafórico, visto ser no mato que existem recursos terapêuticos e alimentares; mas os curandeiros vivem em espaços habitados.

"*A caixa*" ou "*o navio*" – referência ao corpo do curandeiro enquanto receptáculo das entidades espirituais mobilizadas para a cura.

"*Limpar*"– é um sinónimo de purificar e aparece a maioria das vezes em relação ao corpo.

"*Praga*", "*pedir praga*", "*cortar praga*" – a praga pode ser de qualquer natureza e quem "tem praga" pode não conseguir fazer as mais variadas coisas devido àquela. Por exemplo, um jovem vinha-

---

[233] Esta lista suplementar de termos foi extraída da obra citada de Paulo Valverde (2000).

teiro nunca mais conseguiu trepar ás palmeiras para extrair o vinho da palma, porque o seu rival lhe "pediu uma praga".

"*Capela*" ou "*paço do mestre curandeiro*" – trata-se de um espaço considerado como sagrado, que é englobado e produzido pelo mato.

c.
LINHAS DE FORÇA PARA UMA FUTURA REVISÃO CONSTITUCIONAL: CONTEÚDO, FORMA E OPORTUNIDADE POLÍTICA [234]

Hoje em dia é pacífica, nos meios políticos e sociais locais, a necessidade de ser rever a Constituição Política santomense. Da análise por nós encetada do texto constitucional encontramos três linhas de força para uma futura revisão constitucional: o reforço do respeito pelos direitos fundamentais, a clarificação ou alteração do sistema semi-presidencialista e a cristalização das garantias constitucionais.

A primeira destas ideias-força prende-se com a necessidade de se reforçar e reinventar o Estado de Direito Democrático. Esta tarefa passa pelo reforço dos direitos fundamentais dos cidadãos perante o poder estadual e entidades privadas dotadas igualmente de poder. Nesta linha, justifica-se a consagração constitucional dos direitos fundamentais dos administrados, a defesa dos indivíduos face aos novos poderes, como por exemplo a garantia da tutela da personalidade face as novas ameaças da ciência e da tecnologia, e a consagração expressa dos valores comunitários e societários.

Em seguida, torna-se imperativo alterar o recorte constitucional que configura o sistema de Governo, estabelecendo um regime presidencialista, aliado a um novo modelo de fiscalização política

---

[234] Este anexo c. é da autoria de um dos membros do nosso grupo, NT.

(criação de um Senado ou de um Conselho de Estado) e jurídica (criação de um secção constitucional no Supremo Tribunal ou de um Tribunal Constitucional) e dentro de uma lógica de partilha delimitada do poder legislativo com o Parlamento (repartição das competências com a possibilidade de fiscalização dos actos legislativos do Presidente, excepto nos casos tipificados em que exista uma reserva do Presidente, nomeadamente em matérias técnicas, nas leis-medida, etc.). Para evitar que o sistema democrático desemboque num autoritarismo encapotado haverá que manter a limitação da duração (e renovação) dos mandatos dos cargos electivos, reforçar o poder local efectivo e implementar a autonomia regional da ilha do Príncipe. A reinvenção da função administrativa constituirá uma tarefa tão importante quanto complexa. Importante porque permitirá o aumento da eficiência e da eficácia do funcionamento do aparelho administrativo e, acima de tudo, implementará uma nova cultura de transparência deste sector estatal, potenciando a credibilização externa do Estado. Complexa porque serão necessárias coragem e força política para encetar tais reformas no tecido estadual. Aqui, convém chamar a atenção para o facto de termos vindo a utilizar – propositadamente – a expressão *reinventar*. Com isto queremos dizer que se não trata de transpor como modelos organizativos aquelas que a experiência comparativa nos pode sugerir. Estes modelos devem funcionar como referência; mas será sempre *mister* a adaptação deles às realidade locais. Nisto consiste a tarefa de reinvenção.

Por forma a cristalizar o sistema democrático esboçado será necessário apurar e reforçar o sistema de garantia da Constituição: o aparelho judicial, o poder de fiscalização da Constituição e flexibilização (no quadro de condições pré-fixadas) da possibilidade de revisão da Constituição. Em torno deste tripé estará a garantia do bom funcionamento do sistema político-constitucional.

Estas são, em linhas gerais, as ideias-força para uma próxima revisão constitucional. A terminar, três últimas notas.

A primeira, para dizer que defendemos, dada a profundidade da "revisão", um novo e verdadeiro momento constituinte. Não se estará perante uma mera revisão da Constituição mas antes perante um verdadeiro e novo momento constituinte. O tripé mobilizador da alteração da actual Constituição Política – direitos fundamentais, sistema de Governo e garantias constitucionais – introduzirão alterações de monta no edifício democrático de S. Tomé e Príncipe. Aqui, como em outras situações prementes, o envolvimento da sociedade civil jogará um papel muito importante, senão mesmo decisivo. A segunda, para reafirmar o modo de aprovação da Constituição via referendo, tal como foi aprovada a actual Constituição. A terceira e última nota, mas não menos importante, prende-se com o actual momento político – existência de um Governo de "base alargada" (composto por todas as forças partidárias com assento parlamentar) com apoio presidencial – e a oportunidade para se lançar no Parlamento o debate sobre uma nova Constituição, abrindo portas aos procedimentos parlamentares adequados para tal se conseguir concretizar.

FONTES UTILIZADAS NESTE RELATÓRIO
Inclui-se aqui a menção de diplomas legais
e bibliografia genérica

a) Legislação utilizada

Leis gerais da República:
Lei Fundamental, de 17 de Julho de 1975.
Constituição Política, de 22 de Agosto de 1990.
Lei n.º 7/90, de 11 de Setembro.
Lei Eleitoral, Lei n.º 11/90, de 26 de Novembro.
Lei dos Partidos Políticos, Lei n.º 8/90, de 11 de Setembro.

O sistema judiciário:
Lei n.º 1/79, de 11 de Julho.
Lei Base do Sistema Judiciário, Lei n.º 8/91, de 9 de Dezembro.

Ministério Público:
Lei Orgânica do Ministério Público, Lei n.º 8/91, de 9 de Dezembro.

Organização administrativa:
Decreto-Lei n.º 1/75, de 28 de Julho.
Lei n.º 1/77, de 22 de Fevereiro.
Decreto-Lei n.º 19/77, de 5 de Janeiro.
Decisão com Força de Lei n.º 2/87, de 24 de Janeiro.
Decreto-Lei n.º 33/88, de 3 de Outubro.

Administração financeira:
Decreto-Lei n.º 9/75, de 27 de Agosto.

Decreto-Lei n.º 19/75, de 25 de Setembro.
Decreto-Lei n.º 24/75, de 31 de Outubro.
Decreto-Lei n.º 32/88 de 4 de Agosto.

Francisco Fortunato Pires (1991), *Colectânea de Legislação de 1975 a 1989* (obra em seis volumes), Cooperação Portuguesa, Ministério dos Negócios Estrangeiros, Lisboa.

b) Bibliografia geral utilizada
(organizada por ordem cronológica)

GUSTAV RADBRUCH (1932), *Rechtsphilosophie*

MARCELLO CAETANO (1994, original de 1934) "Direito colonial", em *Direito Público Colonial Português*, Lisboa, pp. 18-66, em *Estudos de História da Administração Pública Portuguesa*, edição organizada e prefaciada por Diogo Freitas do Amaral, Coimbra.

VITORINO MAGALHÃES GODINHO (1973), *Os Descobrimentos e a Economia Mundial*, vol. 2: 587, Lisboa.

MAURICE DUVERGER (1978), *Xeque Mate*, Lisboa, Edições Rolim.

ARMANDO M. MARQUES GUEDES (1978), *Ideologias e Sistemas Políticos*, Instituto Superior de Ciências Sociais e Políticas, Lisboa. (*idem*, 1984, Instituto de Altos Estudos Militares, Lisboa).

FRANCIS SNYDER (1981), "Anthropology, dispute processes, and law: a critical introduction", *British Journal of Law and Society* 8(2): 141-180.

ANTÓNIO M. HESPANHA (1986), *As Vésperas do Leviathan. Instituições e Poder Político. Portugal, século XVII*, vol. 1: 271, Lisboa.

JEAN FRANÇOIS BAYARD, (1989), *L'État en Afrique*, Fayard, Paris.

CARLOS AGOSTINHO DAS NEVES (1989), *S. Tomé e Príncipe na segunda metade do século XVIII*, Instituto de Hitória de Além-Mar, FCSH, Lisboa.

VITAL MOREIRA (1992), *Notas sobre o sistema de Governo e poder do Presidente segundo a Constituição de São Tomé e Príncipe*, Coimbra.

Brian Z. Tamanaha (1993), "The folly of the 'social scientific' concept of legal pluralism", *Journal of Law and Society* 20(2): 192-217.

(eds.) **Jean Comaroff & John Comaroff** (1993), *Modernity and its Malcontents. Ritual and power in postcolonial Africa*, The University of Chicago Press.

James Ferguson (1994), *The Anti-Politics Machine. "Development", depoliticization, and bureaucratic power in Lesotho*, University of Minnesota Press.

Christopher Clapham (1996), *Africa and the International System. The politics of State survival*, Cambridge University Press.

Jorge Miranda (1997), *Manual de Direito Constitucional*, Tomo I, 6.ª Edição, Coimbra, Coimbra Editora.

Peter Geschiere (1997), *The Modernity of Witchcraft: politics and the occult in postcolonial Africa*, University Press of Virginia, Charlottesville.

Michael Bratton e **Nicolas van de Walle** (1997), *Democratic Experiments in Africa. Regime transitions in comparative perspective*, Cambridge University Press.

Valentim Alexandre (1998), "Os arquipélagos atlânticos", em (org.) Francisco Bethencourt e Kirti Chauduri, *História da Expansão Portuguesa*, volume IV, *Do Brasil para África (1808-1930)*: 145-149, Círculo dos Leitores.

Gerhard Seibert (1998), "A questão da origem dos Angolares de São Tomé", CesA, ISEG-UTL, *Brief Papers* 5: 1-10, Lisboa.

Augusto Nascimento (1998), "S. Tomé e Príncipe", em (org.) Joel Serrão e A. H. de Oliveira Marques, volume X da *Nova História da Expansão Portuguesa*: 269-318, Estampa.

(ed.) **Richard Joseph** (1999), *State, conflict and Democracy in Africa*, Lynne Rienner, Publications.

Richard Joseph (1999), "The Reconfiguration of Power in Late Twentieth-Century Africa", in (ed.) R. Joseph, *State, conflict and Democracy in Africa*: 57-83, Lynne Rienner, Publications.

Adebayo Olukoshi (1999), "State, conflict and Democracy in Africa: the complex process of renewal", in (ed.) R. Joseph, *State,* *conflict and Democracy in Africa*: 451-467, Lynne Rienner Publications.

CRAWFORD YOUNG (1999), "The Third Wave of Democratization in Africa: ambiguities and contradictions", (ed.) R. Joseph, *State, conflict and Democracy in Africa*: 15-39, Lynne Rienner, Publications.

PAULO VALVERDE (2000), *Máscara, Mato e Morte em S. Tomé*, Celta, Lisboa.

CARLOS ARAÚJO (2000), *Os sistemas de Governo de transição democrática nos PALOPS*, Studia Iuridica, Coimbra Editora.

ANTÓNIO M. HESPANHA (2000), "O Antigo Regime nos Trópicos. A dinâmica imperial portuguesa (séculos XVI-XVIII)": 170.

LUÍS FELIPE ALENCASTRO (2000), *O Trato dos Viventes. Formação do Brasil no Atlântico sul*, Companhia das Letras, S. Paulo.

CRISTINA MARIA SUEANES SERAFIM (2000), *As Ilhas de S. Tomé no século XVII*, Centro de História de Além-Mar, FCSH, UNL, Lisboa.

E. GYIMAH-BOADI (2000), "Civil society and democratic development in Africa", comunicação lida no *Workshop on Democracy and Development in Africa*, Fundação Calouste Gulbenkian.

LUIS RODRIGUEZ-PIÑERO ROYO (2000), "Del partido unico al 'buen govierno': el contexto internacional de los procesos de democratización en el África susahariana después de la guerra fria", em (ed.) Xavier Peñas, *África en el sistema internacional. Cinco siglos de frontera*, Universidad Autonoma de Madrid.

ANTÓNIO VASCONCELOS DE SALDANHA (2001, original de 1992), *As Capitanias do Brasil. Antecendentes, desenvolvimento e extinção de um fenómeno atlântico*, Comissão Nacional para a Coemoração dos Descobrimentos Portugueses, Lisboa.

ANTÓNIO LEÃO CORREIA E SILVA (2001), "O nascimento do Leviatã crioulo. Esboços de uma Sociologia Política", *Cadernos de Estudos Africanos* 1: 52-69, Centro de Estudos Africanos, ISCTE, Lisboa.

ARMANDO MARQUES GUEDES *et al*., (2001), "Litígios e Pluralismo em Cabo Verde. A organização judiciária e os meios alternativos.", *Themis. Revista da Faculdade de Direito da Universidade Nova de Lisboa*, 3: 5-68.

João Paulo de Oliveira e Costa (2001), "A formação do aparelho central da administração ultramarina no século XV", *Anais de História de Além-Mar*, II: 87-115, CHAM, FCSH, UNL, Lisboa.

Boaventura de Sousa Santos (2001), "Direito e democracia: a reforma global da justiça", em (org.) José Manuel Pureza e António Casimiro Ferreira, *A Teia Global. Movimentos sociais e instituições*: 124-175, Edições Afrontamento.

Augusto Nascimento (2001), "Mutações sociais e políticas em S. Tomé e Príncipe nos séculos XIX e XX: uma síntese interpretativa", *Centro de Estudos Africanos e Asiáticos, IICT*, Lisboa.

Fernando Pacheco (2001), "Sociedade civil em Angola", em *Angola. Direito, Democracia, paz e desenvolvimento*: 259-275, Faculdade de Direito da UAN, Luanda.

Gerhard Seibert (2001, original de 1999). *Camaradas, Clientes e Compadres. Colonialismo, socialismo e democratização em São Tomé e Príncipe*, Celta, Lisboa.

(eds.) Henrietta Moore e Todd Sanders (2001), *Magical Interpretations, Material Realities. Modernity, witchcraft and the occult in postcolonial Africa*, Routledge, London e New York.

Henrietta Moore e Todd Sanders (2001), "Magical interpretations and material realities: an introduction", em (eds.) H. Moore e T. Sanders, *op. cit.*: 1-28.

Todd Sanders (2001), "Save our Skins. Structural adjustment, morality and the occult in Tanzania", em (eds.) H. Moore e T. Sanders, *op. cit.*:160.184.

Cyprian F. Fisiy e Peter Geschiere (2001), "Witchcraft, development and paranoia in Cameroon. Interactions between popular, academic and state discourse" em (eds.) H. Moore e T. Sanders, *op. cit.*: 226-247.

Joaquim Gomes Canotilho (2002), *Direito Constitucional e Teoria da Constituição*, 5.ª Edição, Coimbra, Coimbra Editora.

ALEJANDRO COLÁS (2002), *International Civil Society. Social movements in world politics*, Polity, Cambridge.

ARMANDO MARQUES GUEDES *et al.*, (2002), "Litígios e Pluralismo em Cabo Verde. A organização judiciária e os meios alternativos", *Direito e Cidadania*, 14: 305-364.

ARMANDO MARQUES GUEDES (2002), "Os Estados pós-coloniais, as novas políticas africanas e a liberdade de informação", *Fundação Calouste Gulbenkian*, no prelo.